Emilia Pardo Bazán

El cisne de Vilamorta

Barcelona 2024
Linkgua-ediciones.com

Créditos

Título original: El cisne de Vilamorta.

© 2024, Red ediciones S.L.

e-mail: info@linkgua.com

Diseño de cubierta: Michel Mallard.

ISBN rústica ilustrada: 978-84-9953-033-8.
ISBN tapa dura: 978-84-1126-317-7.
ISBN ebook: 978-84-9007-851-8.

Cualquier forma de reproducción, distribución, comunicación pública o transformación de esta obra solo puede ser realizada con la autorización de sus titulares, salvo excepción prevista por la ley. Diríjase a CEDRO (Centro Español de Derechos Reprográficos, www.cedro.org) si necesita fotocopiar, escanear o hacer copias digitales de algún fragmento de esta obra.

Sumario

Créditos	4
Brevísima presentación	9
La vida	9
Prólogo	11
I	15
II	25
III	35
IV	45
V	53
VI	59
VII	67
VIII	75
IX	85
X	95
XI	105
XII	113

XIII	117
XIV	129
XV	135
XVI	141
XVII	147
XVIII	151
XIX	157
XX	165
XXI	175
XXII	183
XXIII	189
XXIV	197
XXV	201
XXVI	205
XXVII	211
XXVIII	215
Libros a la carta	223

Brevísima presentación

La vida
Emilia Pardo Bazán (1851-1921). España.
Nació el 16 de septiembre en A Coruña. Hija de los condes de Pardo Bazán, título que heredó en 1890. En su adolescencia escribió algunos versos y los publicó en el *Almanaque de Soto Freire*.

En 1868 contrajo matrimonio con José Quiroga, vivió en Madrid y viajó por Francia, Italia, Suiza, Inglaterra y Austria; sus experiencias e impresiones quedaron reflejadas en libros como *Al pie de la torre Eiffel* (1889), *Por Francia y por Alemania* (1889) o *Por la Europa católica* (1905).

En 1876 Emilia editó su primer libro, *Estudio crítico de Feijoo*, y una colección de poemas, *Jaime*, con motivo del nacimiento de su primer hijo. *Pascual López*, su primera novela, se publicó en 1879 y en 1881 apareció *Viaje de novios*, la primera novela naturalista española. Entre 1831 y 1893 editó la revista *Nuevo Teatro Crítico* y en 1896 conoció a Émile Zola, Alphonse Daudet y los hermanos Goncourt. Además tuvo una importante actividad política como consejera de Instrucción Pública y activista feminista.

Desde 1916 hasta su muerte el 12 de mayo de 1921, fue profesora de Literaturas románicas en la Universidad de Madrid.

Prólogo

Al ver la luz mi penúltima novela, que lleva por título *La Tribuna*, no faltó quien atribuyese sus crudezas y sus francas descripciones de la vida popular, a empeño mío de escribir una obra rigurosamente ajustada a los cánones del naturalismo. Acaso hoy se me dirigirá la acusación opuesta, afirmando que El Cisne de Vilamorta, paga disimulado tributo al espíritu informante de la escuela romántica.

Yo sé decir que un autor, rara vez produce adrede libros muy crudos o muy poéticos; lo cierto es, en mi opinión, que la rica variedad de la vida ofrece tanta libertad al arte, y brinda al artista asuntos tan diversos, cuanto son diferentes entre sí los rostros de las personas: y así como en un espectáculo público, en un paseo, en la iglesia, vemos semblantes feos e innobles al lado de otros resplandecientes de hermosura, en el mudable espectáculo de la naturaleza y de la humana sociedad andan mezcladas la prosa y la poesía, siendo entrambas reales y entrambas materia artística de lícito empleo.

¡Parece que no necesita refutación el error de los que parten en dos mitades la realidad sensible e inteligible, con la misma frescura que si partiesen una naranja, y ponen en la una mitad todo lo grosero, obsceno y sucio, escribiendo encima naturalismo, y en la otra y bajo el título de idealismo, agrupan lo delicado, suave y poético. Pues tan errónea idea pertenece al número de las insidiosas vulgaridades que podemos calificar de telarañas del juicio, que no hay escoba que consiga barrerlas bien, ni nunca se destierran por completo. Es probable que hasta el fin del mundo dure esta telaraña espesa y artificiosa, y se juzgue muy idealista la descripción de una noche de Luna y muy naturalista la de una fábrica, muy idealista el estudio de la agonía de un ser humano (sobre todo si muere de tisis como *La dama de las camelias*), y ¡muy naturalista el del nacimiento del mismo ser!

No es alarde de impenitencia, sino confesión sincerísima. Al escribir *La Tribuna*, me guiaban iguales propósitos que al trazar las páginas del Cisne: estudiar y retratar en forma artística gentes y tierras que conozco, procurando huir del estrecho provincialismo, para que el libro sea algo más que pintura de usanzas regionales y aspire al honroso dictado de novela. A la misma luz que me alumbró por los rincones de la Fábrica de Tabacos de Marineda, he tratado de ver la curiosa fisonomía de Vilamorta. Si la Fábrica se diferencia en todo de la villita, no consiste en que yo las mire con distintos ojos, pero en que forzosamente ha de diferenciarse el puerto comercial y fabril de la comarca enclavada tierra adentro, que aún conserva, o conservaba cuando la pisé por vez última, pronunciadísimo sabor tradicional, y elementos poéticos muy en armonía con el carácter del paisaje.

Respecto a lo que en El Cisne llamará alguien levadura romántica, quiero decir algo, muy sucintamente, a los buenos entendedores. El romanticismo, como época literaria, ha pasado, siendo casi nula ya su influencia en las costumbres. Mas como fenómeno aislado, como enfermedad, pasión o anhelo del espíritu, no pasará tal vez nunca. En una o en otra forma, habrá de presentarse cuando las circunstancias y lo que se conoce por medio ambiente faciliten su desarrollo, ayudando a desenvolver facultades ya existentes en el individuo. Sucédele lo que a la vocación monástica: menos casos se dan hoy de tales vocaciones que se daban, por ejemplo, allá en tiempos de San Francisco o San Ignacio; con todo, algunas he visto yo muy ardientes, probadas e irresistibles.

No hay estado del alma que no se produzca en el hombre, no hay cuerda que no vibre, no hay carácter verdaderamente humano que no se encuentre queriéndolo buscar; y en nuestras pensadoras y concentradas razas del Noroeste, el espíritu romántico alienta más de lo que parece a primera vista.

Emilia Pardo Bazán
La Coruña, septiembre de 1884

I

Allá detrás del pinar, el Sol poniente extendía una zona de fuego, sobre la cual se destacaban, semejantes a columnas de bronce, los troncos de los pinos. El sendero era barrancoso, dando señales de haber sido devastado por las arroyadas del invierno; a trechos lo hacían menos practicable piedras sueltas, que parecían muelas fuera de sus alveolos. La tristeza del crepúsculo comenzaba a velar el paisaje: poco a poco fue apagándose la incandescencia del ocaso, y la Luna, blanca y redonda, ascendió por el cielo, donde ya el lucero resplandecía. Se oyó distintamente el melancólico diptongo del sapo, un soplo de aire fresco estremeció las hierbas agostadas y los polvorientos zarzales que crecían al borde del camino; los troncos del pinar se ennegrecieron más, resaltando a manera de barras de tinta sobre la claridad verdosa del horizonte.

Un hombre bajaba por la senda, muy despacio, como proponiéndose gozar la poesía y recogimiento del sitio y hora. Se apoyaba en un bastón recio, y según permitía ver la poca luz difusa, era joven y no mal parecido. A cada paso se detenía, mirando a derecha e izquierda, lo mismo que si buscase y pretendiese localizar un punto fijado de antemano. Al fin se paró, orientándose. Atrás dejaba un monte poblado de castaños; a su izquierda tenía el pinar; a su derecha una iglesia baja, con mísero campanario; enfrente, las primeras casuchas del pueblo. Retrogradó diez pasos, se colocó cara al atrio de la iglesia, mirando a sus tapias, y seguro ya de la posición, elevó las manos a la altura de la boca para formar un embudo fónico, y gritó con voz plateada y juvenil:

—Eco, hablemos.

Del ángulo de las murallas brotó al punto otra voz, más honda e inarticulada, misteriosamente sonora y grave, que

repitió con énfasis, engarzando la respuesta en la pregunta y dilatando la última sílaba:
—¡Hablemoooós!
—¿Estás contento?
—¡Contentoooó! —repuso el eco.
—¿Quién soy yo?
—¡Soy yoooó!

A estas interrogaciones, calculadas para que la contestación del eco formase sentido con ellas, siguieron frases lanzadas sin más objeto que el de oírlas repercutirse con extraña intensidad en el muro. —«¡Hermosa noche! —La Luna brilla. —Se ha puesto el Sol. —Eco, ¿me entiendes tú? —Eco, ¿sueñas algo? —¡Gloria! ¡Ambición! ¡Amor!». El nocturno viandante, embelesado, insistía, variaba las palabras, las combinaba; y en los intervalos de silencio, mientras discurría períodos cortos, escuchábase el rumor tenue de los pinos, acariciados por el vientecillo manso de la noche, y el plañidero concertarte de los sapos. Las nubes, antes de rosa y grana, eran ya cenicientas, y pugnaban por subir al ancho trozo de firmamento en que la Luna llena campeaba sin el más mínimo tul que la encubriese. Las madreselvas y saúcos en flor, desde la linde del pinar, embalsamaban el aire con fragancia sutil y deleitosa. Y el interlocutor del eco, dócil al influjo de la poesía ambiente, cesó de vocear preguntas y exclamaciones, y con lenta canturia empezó a recitar versos de Bécquer, sin atender ya a la voz de la muralla que, en su precipitación de repetirlos, se los devolvía truncados y confusos.

Absorto en la faena, poseído de lo que estaba haciendo, recreado con la cadencia de las estrofas, no vio subir por el camino tres hombres de grotesca y rara catadura, con enormes sombreros de fieltro, de anchas alas. Uno de los hombres llevaba del diestro una mula, cargada con redondo cuero, henchido sin duda de zumo de vid; y como todos andaban despacio, y el terreno craso y arcilloso apagaba el ruido de las pisadas, pudieron llegar sin ser sentidos hasta cerca del mancebo. Algo cuchichearon en voz baja. —¿Quién es, hom...? —Segundo. —¿El del abogado? —El mismo. —¿Qué hace? ¿Habla solo? —No, habla con la pared de Santa Margarita. —Pues nosotros no somos menos. —Empieza tú... —A la una... allá va...

Salió de aquellas bocas pecadoras, interrumpiendo las Oscuras golondrinas, que a la sazón recitaba de muy expresiva manera el joven, un diluvio de frases soeces, de groserías y cochinadas palurdas, que cayeron en medio del gentil y armónico silencio nocturno como repique de almireces y cacerolas en un trozo de música alemana. Lo más suave que se oía era por este estilo: —¡Re... (aquí un terno) viva el vino del Borde! ¡Viva el vino tinto, que da pecho al hombre! Re... (aquí lo que puede el lector suponer, si considera que los interruptores del soñador becqueriano eran tres desaforados arrieros, que conducían a buen recaudo un pellejo de sangre de parra).

La ninfa domiciliada en el muro no opuso resistencia a la profanación, y repitió los tacos redondos tan fielmente como las estrofas del poeta. Al oír las vociferaciones y carcajadas opacas que la pared devolvía irónicas, Segundo, el del abogado, se volvió furioso, comprendiendo que los muy salvajes se burlaban de su entretenimiento sentimental. Corrido y humillado, apretó el bastón, con deseo de romperlo en las costillas de alguien; y mascullando entre dientes —cafresbrutos-recua— y otros improperios, torció a la izquierda, saltó al pinar, y tomó hacia el pueblo, evitando la senda por huir del profano grupo.

El pueblo estaba, como quien dice, a la vuelta. Blanqueaban, a la luz de la Luna, las paredes de sus primeras casas, y los sillares de algunas en construcción, tapias, huertecillos, cuadros de legumbre, llenaban el espacio vacante entre el pueblo y el pinar. Ensanchábase la senda, desembocando en el camino real, a cuyas orillas, copudos castaños proyectaban manchones de sombra. Dormía el pueblo sin duda, pues ni se divisaban luces ni se oían los rumores y zumbidos que revelan la proximidad de las colmenas humanas. Realmente, Vilamorta es una colmena en miniatura, una villita modesta, cabeza de partido. No obstante, bañada por el resplandor del romántico satélite, no le falta a Vilamorta cierta grandiosidad como de población importante, debida a los nuevos edificios que, con arreglo al orden arquitectónico peculiar de las grilleras, levanta a toda prisa un americano gallego, recién venido con provisión de centenes.

Segundo se enhebró por una calle extraviada —si las hay en pueblos así—. Solo estaban embaldosadas las aceras; el arroyo lo era de verdad; había en él pozas de lodo, y montones de inmundicias y residuos culinarios, volcados allí sin escrúpulo por los vecinos. Evitaba Segundo dos cosas: pisar el arroyo y que le diese la claridad lunar. Un hombre pasó rozándole, embozado, a pesar del calor, en amplio montecristo, y con enorme paraguas abierto, aunque no amenazaba lluvia: sin duda era un agüista, un convaleciente que respiraba el aire grato de la noche con precauciones higiénicas; Segundo, al verle, se pegó a las casas, volviendo el rostro, temeroso de ser conocido. No con menor recato atravesó la plaza del Consistorio, orgullo de Vilamorta, y en vez de unirse a los grupos de gente que gozaba el fresco sentada en los bancos de piedra próximos a la fuente pública, se escabulló por un callejón lateral, y cruzando retirada plazoletilla, que sombreaba un álamo gigantesco, se dirigió hacia una casita medio oculta por el árbol. Entre la casita y Segundo se interponía un desvencijado armatoste: era un coche de línea, un cajón con ruedas, desenganchado, lanza en ristre, como para embestir. Rodeó Segundo el obstáculo, y al dar la vuelta distraído, dos animalazos, dos cochinos monstruosamente gordos, salieron disparados por la entreabierta cancilla de un corral, y con un trotecillo que columpiaba sus vastos lomos y sacudía sus orejas cortas, vinieron ciegos y estúpidos a enredarse en las piernas del lector de Bécquer. No llegó este a medir el suelo por favor especial de la Providencia; pero apurado ya el sufrimiento, soltó a cada marrano un par de iracundos puntapiés, que les arrancaron gruñidos entrecortados y feroces, mientras el mancebo renegaba en voz alta casi: —¡Qué pueblo este, señor!... ¡Atropellarle a uno en la calle hasta estos bichos! ¡Ah, qué miseria! ¡Ah... mejor debe ser el infierno!...

Al llegar a la puerta de la casita, algo se sosegó. Era la casa chiquita, linda, flamante; al balcón le faltaba el barandado de hierro; no tenía sino la repisa de piedra, cargada de tiestos y cajones de plantas; detrás de las vidrieras se columbraba una luz, tamizada por visillos de muselina, y la fachada, silenciosa, ofrecía algo de pacífico y agradable, que convidaba a entrar. Segundo empujó la cancilla, y casi al mismo tiempo oyose en el tenebroso portal crujir de enaguas; unos brazos de mujer se abrieron, y el lector de Bécquer se dejó caer en ellos, conducir, arrastrar, y casi subir en vilo la escalera, hasta una Balita, donde un velador cubierto con blanco tapete de crochet, sustentaba un quinqué divinamente despabilado. Allí mismo, en el sofá, tomaron asiento el galán y la dama.

La verdad ante todo. Frisa la dama en los treinta y seis o treinta y siete, y aún es peor, que nunca debió ser bonita, ni mucho menos. De su basto cutis, hizo la viruela algo curtido y agujereado, como la piel de una criba: sus ojuelos negros y chicos, análogos a dos pulgas, emparejan bien con la nariz gruesa, mal amasada, parecida a las que los chocolateros ponen a los monigotes de chocolate; cierto que la boca, frescachona y perruna, luce buenos dientes; pero el resto de la persona, el atavío, los modales, el acento, la poquísima gracia del conjunto, más son para curar tentaciones, que para infundirlas. Alumbrando el quinqué tan bien como alumbra, es preferible contemplar al galán. Este tiene, en su mediana estatura, elegantes proporciones, y en su juvenil cabeza no sé qué atractivo que hace mirar otra vez. La frente, cuyo declive es un poco alarmante, la encubre y adorna el pelo copioso, algo más largo de lo que permiten nuestras severas modas actuales. La faz, descarnada, fina y cenceña, arroja a la caleada pared una silueta toda de ángulos agudos. El bigote nace y se riza sobre los labios delgados, sin llegar a cubrir el superior, con esa gracia especial del bigote nuevo, compañera de la ondulación de los cabellos femeninos. La barba no se atreve a espesar, ni los músculos del cuello a señalarse, ni la nuez a sobresalir con descaro. La tez es trigueña, descolorida, un tanto biliosa.

Al ver tan guapo chico recostado en el pecho de aquella jamona de apacible y franca fealdad, era lógico tomarles por hijo y madre: pero el que incurriese en semejante error después de observarles un minuto, denotaría escasa penetración, por que en las manifestaciones del amor materno, por apasionadas y extremosas que sean, hay no sé que majestuosa quietud del espíritu que falta en las del otro amor.

Sin duda experimentaba Segundo la nostalgia de la Luna, porque apenas se detuvo en el sofá: fuese al balcón, y le siguió su compañera. Abrieron las vidrieras de par en par, y se sentaron muy próximos en dos sillas bajas, al nivel de las plantas y tiestos. Una mata de claveles de a onza subía a la altura conveniente para regalar las narices con incitantes perfumes; la Luna plateaba el follaje del álamo, cuya dilatada sombra envolvía la plazoleta; Segundo abrió el diálogo, en esta guisa:

—¿Me hiciste cigarros?

—Toma —contestó ella, metiendo la mano en la faltriquera y sacando un puñado de cigarrillos—. Docena y media por junto pude amañarte. Ya te completaré las dos esta noche antes de irme a la cama.

Se oyó el ¡rissschh! del fósforo, y con la voz atascada por la primer bocanada de humo, volvió Segundo a preguntar:

—¿Pues qué, ha sucedido algo nuevo?

—Nuevo... no. Las chiquillas... arreglar la casa... luego Minguitos... Me levantó dolor de cabeza a quejarse... ¡a quejarse toda la tarde de Dios! Decía que le dolían los huesos. ¿Y tú?, ¿por ahí muy ocupado?, ¿matándote a leer?, ¿discurriendo?, ¿escribiendo, eh? ¡De seguro!

—No... Di un paseo muy hermoso. Fui a Penas-albas y volví por Santa Margarita... Una tarde de las pocas.

—Vaya, que harías algún verso.

—No, mujer... Los que hice, los hice anoche, después de retirarme.

—¡Ay!, ¡y no me los decías! Anda, por las ánimas... anda, recita, que los has de saber de memoria. Anda, niño Jesús.

A la súplica vehemente siguió arrebatada caricia, que se perdió entre pelo y sienes del poeta. Este alzó los ojos, se hizo un poco atrás, dejó el cigarro entre los dedos, sacudiendo antes con la uña la ceniza, y recitó.

Era una becqueriana el parto de su ingenio. El auditorio, después de escucharla con religiosa atención, púsola por cima de cuantas produjo la musa del gran Gustavo. Y se pidió otra, y otra, y algún pedacito de Espronceda, y qué sé yo qué fragmentos de Zorrilla. Ya no ardía el cigarro: tiró el poeta la colilla, y encendió uno nuevo. Reanudaron la plática.

—¿Cenamos pronto?

—Enseguidita... ¿Sabes qué tengo para darte? Discurre.

—¿Qué sé yo, mujer?...

—Piensa tú lo que te gusta más. Lo que te gusta más, más.

—¡Bah!... Ya sabes que yo... Con tal que no me des nada ahumado, ni grasiento...

—¡Tortilla a la francesa! ¿No acertabas, eh? Mira, encontré la receta en un libro... Como te había oído que era cosa buena, estuve de ensayo... Las tortillas las hacía yo siempre a estilo de por acá, espesitas, que se puedan tirar contra la pared y no se deshagan... Pero esta... me parece que ha de estar a tu gusto. Lo que es a mí, poco me sabe... prefiero las antiguas. Se la enseñé a Flores... ¿Qué tenía dentro la que comiste en la fonda de Orense? ¿Perejil picado, eh?

—No, jamón. ¿Pero qué más da?

—¡Voy corriendo a sacarlo de la alacena!, yo creía... ¡El libro dice perejil! Aguarda, aguarda.

Volcó su silla baja por andar más aprisa, y se oyó a lo lejos el repique de sus llaves y el batir de algunas puertas; una voz cascada gruñó en la cocina no sé qué. A los dos minutos regresaba.

—¿Mira, y esos versos, no se imprimen? ¿No los he de ver en letras de molde?

—Sí —respondió el poeta, volviendo lentamente la cabeza y soltando una bocanada de humo—. Allá van camino de Vigo, a Roberto Blánquez para que los inserte en el Amanecer.

—¡Me alegro! ¡Tendrás tú más fama, corazón salado! ¿Cuántos periódicos hablan de ti?

Segundo se rio irónicamente, encogiéndose de hombros.

—Pocos... —Y, un tanto cabizbajo, dejó vagar la mirada por las macetas y por la copa del álamo, que se mecía con agradable susurro de hojas. Estrechaba maquinalmente el poeta la mano de su interlocutora, y esta correspondió a la presión con ardorosa energía.

—Y claro, ¿cómo quieres que hablen de ti, si al fin no firmas los versos? —interrogó ella—. No saben de quién son. Andarán discurriendo...

—Qué más da... Lo mismo que de Segundo García, pueden hablar del seudónimo que he adoptado. ¡Bonito nombre el mío para andar en papeles! ¡Segundo García! El poco público que se moleste en leer lo que escribo me llamará el Cisne de Vilamorta.

II

Segundo García, el del abogado y Leocadia Otero, la maestra de escuela de Vilamorta, se conocieron en primavera, en una romería. Leocadia asistió a ella con varias chicas a quienes había enseñado el a, b, c y el pespunte. Ante aquel coro de ninfas, Segundo recitó poesías más de dos horas, en un robledal, lejos del estrépito del bombo y gaita, donde solo llegaban leves rumores de la fiesta y del gentío. Estúvose el auditorio como en misa, si bien ciertos pasajes, almibarados o fogosos, produjeron entre las chiquillas codazos, pellizquitos, risas reprimidas instantáneamente; pero de los negros ojos de la maestra, a lo largo de sus mejillas, picadas de viruela y pálidas de emoción, resbalaron dos lagrimones tibios y gruesos, y otros después, tantos y tan juntos, que hubo de sacar el pañuelo y limpiárselos. Luego, al regresar, cuando lucían en el cielo las estrellas, por los senderos del monte donde se alzaba el santuario, vereditas agrestes, entapizadas de grama y orladas de brezos y uces, el grupo descendió en esta forma: delante las chiquillas, correteando, saltando, empujándose para caer sobre los brezos y celebrarlo con una explosión de carcajadas; Leocadia y Segundo detrás, de bracero, parándose a veces y hablándose entonces más bajito, casi al oído.

De Leocadia Otero se refería una historia fea y triste. Aunque ella con reticencias calculadas quisiera fingirse viuda, se murmuraba que nunca tuvo marido; que cuando residía en Orense, huérfana y bajo la tutela de un tío paterno, nació aquel pobre vástago, aquel Dominguito contrahecho, raquítico y enfermo siempre. Afirmaban los mejor informados que el malvado del tío fue quien abusó de la doncella, confiada a su custodia, sin poder reparar el delito porque era casado y vivía su mujer, Dios sabe dónde ni cómo. Lo cierto es que el tío murió pronto, dejando a su sobrina unas finquillas y una casa en Vilamorta, y Leocadia, previo el competente examen, obtuvo la escuela y vino a establecerse al pueblo. Sobre trece años llevaba de habitarlo, observando ejemplar conducta, cuidando día y noche a Minguitos, y economizando para reconstruir la ruinosa casa, como lo hizo al fin poco antes de conocer a Segundo. Era Leocadia mujer por todo extremo hacendosa: nunca faltó en sus armarios ropa blanca, en su sala muebles de rejilla y una alfombrita delante del sofá, en su despensa uvas de cuelga, arroz y jamón, en sus balcones claveles y albahaca. Minguitos andaba limpio como el oro; ella lucía, al remangar su hábito de los Dolores, de buen merino, enaguas gordas, tiesas de puro almidonadas, muy bordadas a ojetes. Por lo cual, a pesar de su fealdad y de su historia antigua, no careció la maestra de suspirantes: un rico arriero retirado, con taberna abierta, y Cansín, el tendero de paños. Desairó a los pretendientes y siguió viviendo sola, con Minguitos y Flores, la vieja criada, que ya gozaba en la casa fueros de abuela.

El inicuo estupro sufrido en los primeros años de la juventud había dejado a Leocadia, envuelto en sus amargas memorias, horror profundo a las realidades del matrimonio, base de la familia, y una sed perpetua de cosas ideales y delicadas, rocío que refresca la imaginación y satisface al sentimiento. Poseía la media instrucción de las maestras, rudimentaria, pero bastante para infundir gustos exóticos en Vilamorta, verbigracia, el de las letras, en sus más accesibles formas —novela y verso—. Consagró a la lectura los ocios de su vida monótona y honesta. Leyó con fe, con entusiasmo, sin crítica alguna: leyó creyendo y admitiéndolo todo, unimismándose con las heroínas, oyendo resonar en su corazón los suspiros del vate, los cantos del trovador y los lamentos del bardo. Fue la lectura su vicio secreto, su misteriosa felicidad. Cuando rogaba a sus amigas de Orense que le renovasen la suscripción en la librería, hacían ellas chacota y ponían a Leocadia el apodo de literata. ¡Literata ella! ¡Ojalá! ¡Si pudiese dar cuerpo a lo que sentía, al mundo fantástico que dentro llevaba! Imposible: jamás alcanzaría su caletre, por mucho que lo estrujase, a producir ni una triste seguidilla. Almacenada se quedaba tanta poesía y tanta sensibilidad allá en los senos y circunvoluciones del cerebro, como el calor solar en la hulla. Lo que salía al exterior era prosa neta: gobierno de casa, economía, guisados.

Al tropezar Leocadia con Segundo, la casualidad aplicó encendida mecha al formidable polvorín de sentimientos y ensueños, encerrado en el alma de la maestra. Encontrado había, por fin, empleo condigno a sus facultades amorosas, desahogo para sus afectos. Segundo era la poesía hecha carne; en él se cifraban y compendiaban todas las interesantes y divinas menudencias de los versos: las flores, el aura, el ruiseñor, la luz moribunda del Sol, la Luna, la umbría selva.

La combustión se produjo con asombrosa rapidez. Ardió y se consumió en incendio súbito, primero la honrada resolución de borrar con intachable conducta el estigma del pasado, después el vigoroso y entrañable cariño maternal. Ni un punto pasó por las mientes a Leocadia la idea de que Segundo pudiese ser su marido: aunque libres ambos, la diferencia de edades, y la superioridad intelectual del joven poeta, pusieron límite infranqueable a las aspiraciones de la maestra. Cayó en el amor como en un abismo, y ni miró atrás ni adelante.

Segundo había tenido en Santiago, durante los años escolares, trapicheos estudiantiles, cosa baladí, y extravíos de esos que no evita ningún hombre entre los quince y los veinticinco, probando también las que en la época romántica se llamaban orgías y hoy se conocen por juergas. Sin embargo, no era vicioso. Hijo de una madre histérica, a quien las repetidas lactancias agotaron, hasta matarla de extenuación, Segundo tenía el espíritu mucho más exigente e insaciable que el cuerpo. Había heredado de su madre la complexión melancólica, y mil preocupaciones, mil repulsiones instintivas, mil supersticiones prácticas. La había querido y guardaba su recuerdo como un culto. Y, más viva aún que la cariñosa memoria de su madre, conservaba una antipatía invencible hacia su padre. No cabía decir que el abogado hubiese sido verdugo de su mujer, y con todo, bien adivinaba Segundo el lento martirio de aquella fina organización nerviosa, y veía siempre, en horas negras, el ataúd mísero en que habían encerrado a la difunta, no sin elegir antes, para amortajarla, la sábana más usada de cuantas encontraron.

Componíase la familia de Segundo del padre, una tía vieja, dos hermanos varones y tres hembras aún impúberes. Gozaba el abogado García fama de rico: nada entre dos platos: fortuna de aldea, reunida ochavo tras ochavo, con préstamos usuarios y sórdidas privaciones. El bufete daba de sí, pero diez bocas, y la carrera de tres hijos, algo tragan. El mayor de los chicos, oficial de infantería, estaba en Filipinas y no remitía un cuarto; gracias que no lo pidiera. Segundo, que lo era en el orden cronológico, acababa de graduarse: un jurisconsulto más en la nación española, donde tanto abunda esta fruta. El pequeño estudiaba en el Instituto de Orense, con propósito de seguir la farmacia. Las niñas se pasaban el día correteando por huertos y maizales, medio descalzas, sin ir siquiera a la escuela de Leocadia por no adecentarse un poquillo. En cuanto a la tía..., misia Gaspara..., era el alma de aquella casa, alma estrecha y sin jugo, senectud acartonada, silenciosa y espectral, ágil a despecho de sus sesenta, y que sin cesar de hacer media con unos dedos rancios como teclas de clavicordio, vendía en la granera el centeno, en la bodega el vino de renta, prestaba un duro al cincuenta por cien a las fruteras y regateras de la plaza, se cobraba en especie, tasaba la comida, la luz y la ropa a sus sobrinos, engordaba con amorosa solicitud un cerdo, y era respetada en Vilamorta por sus aptitudes formicarias.

Aspiraba el abogado a trasmitir su clientela y asuntos a Segundo. Solo que el muchacho no daba indicios de servir para embrollar pleitos y causas. ¿Cómo había realizado el milagro de salir bien en los exámenes, sin abrir en todo el curso los libros de derecho, y faltando a clase siempre que hacía solo diluviaba? ¡Bah! Con un memorión de primera y un regular despejo: aprendiéndose, cuando era menester, páginas y páginas del texto, y recordándolas y diciéndolas con la propia facilidad que las Doloras de Campoamor, si no con tanto gusto.

Sobre la mesa de Segundo se besaban tomos de Zorrilla y Espronceda, malas traducciones de Heine, obras de poetas regionales, el Lamas Varela, alias Remedia-vagos, y otros volúmenes no menos heterogéneos. No era Segundo un lector incansable; elegía sus lecturas según el capricho del momento, y solo leía lo que conformaba con sus aficiones, adquiriendo así un barniz de cultura deficiente y varia. Más intuitivo que reflexivo y estudioso, aprendió solo y a tientas el francés, para leer en el original a Musset, a Lamartine, a Proudhon, a Víctor Hugo. Fue su cerebro como erial inculto donde a trechos se alzaba una flor rara y peregrina, un arbusto de climas remotos; ignoró las ciencias graves y positivas, las lecturas sólidas y serias, nodrizas del vigor mental, la era clásica, la literatura castiza, las severas enseñanzas de la historia; y en cambio, por raro fenómeno de parentesco intelectual, se identificó con el movimiento romántico del segundo tercio del siglo, y en un rincón de Galicia revivió la vida psicológica de generaciones ya difuntas. No de otro modo algún venerable académico, saltando de un brinco los diez y nueve siglos de nuestra era, se alegra ahora con lo que regocijaba a Horacio y vive platónicamente prendado de Lidia.

Rimó Segundo sus primeros versos, desengañados y escépticos en la intención, ingenuos en realidad, cuando apenas contaba diez y siete años. Sus compañeros de cátedra le aplaudieron a rabiar. Adquirió entre ellos cierto prestigio, y cuando estampó en un periódico las primicias de su musa, tuvo, sin salir del estrecho círculo del aula, admiradores y envidiosos. Desde entonces adquirió el derecho de pasear solito, de reír poco, de ocultar sus aventurillas y de no jugar ni achisparse por compañerismo, sino únicamente cuando le daba la gana.

Y le daba pocas veces. La excitación puramente física y brutal carecía para él de atractivo; si bebía por bravata, repugnábale el espectáculo de la embriaguez, los finales de francachela estudiantil, el mantel manchado, las disputas necias, los amigos que yacían debajo de la mesa o tendidos en el sofá, el descoco e insensibilidad de las hembras venales; salía de allí desdeñoso y empalagadísimo, y a veces una reacción muy propia de su complicado carácter le impulsaba a él, lector sincero de Proudhon, Quinet y Renan, al recinto de alguna iglesia solitaria, donde sus pulmones respiraban con delicia aire húmedo saturado de incienso.

No protestó el abogado García contra las aficiones literarias de su hijo, porque las juzgó pasajera diversión de la mocedad, una muchachada, lo mismo que bailar en las fiestas. Empezó a inquietarse así que Segundo, ya graduado, se opuso a auxiliarle en el despacho de sus tortuosos pleitecillos. ¿Si resultaría el chico inútil para todo y bueno solamente para zurcir versos? No era delito zurcirlos, pero así... cuando no hubiese muchos procesos que hojear y artimañas que idear para envolver a los litigantes. Desde que cayó en la cuenta, el abogado trató a su hijo con mayor desconfianza, con más terca impertinencia y desvío. Cada día le predicaba, en la mesa o donde podía, sermoncillos incisivos acerca de lo necesario que es ganarse el pan, con asiduidad y trabajo, no dependiendo de nadie. Estas continuas amonestaciones, en que empleaba la misma capciosa machaquería que en el enredijo de los protocolos, ahuyentaron a Segundo de su casa. La de Leocadia le sirvió de refugio, y él vino en dejarse querer pasivamente, lisonjeado al pronto por el triunfo que habían obtenido sus versos, alcanzándole homenaje tan desinteresado y ardiente, y atraído después por el bienestar moral que engendra la aprobación sin condiciones y la complacencia sin tasa. Su perezosa mente de soñador reposaba en los algodones que sabe mullir el cariño para la amada cabeza. Leocadia admitía, perfilaba, ensanchaba todos sus planes de porvenir; le animaba a que escribiese, a que publicase; le elogiaba sin restricciones y sin fingimiento, porque para ella, que tenía la facultad crítica aposentada en las cavidades cardíacas, Segundo era el más melodioso cisne del universo todo.

Poco a poco la amante previsión de la maestra fue extendiéndose a otras esferas de la vida de Segundo. Ni el abogado García ni la tía Gaspara concebían que un chico, terminada ya su carrera, necesitase un céntimo para gasto alguno extraordinario. La tía Gaspara, en especial, ponía el grito en el cielo a cada desembolso: después de llenar de camisas la maleta de su sobrino un año, por diez lo menos debía quedar surtido: la ropa no estaba autorizada para romperse o acabarse sin más ni más. Leocadia notó las escaseces de su ídolo; hoy se hizo cargo de que no andaba bien de pañuelos, y le dobladilló y marcó una docena; mañana reparó que solo de higos a brevas le daban medio duro para el ramo de cigarros, y se impuso la tarea de hacérselos en persona, suministrando gratis la materia primera; oyó murmurar a las fruteras de la avaricia de la tía Gaspara, entendió que Segundo comía mal, y se dedicó a aderezar para él platos apetitosos y nutritivos, amén de encargarle a Orense libros, de repasarle la ropa y de pegarle los botones.

Todo esto lo realizaba con inexplicable regocijo, recorriendo la casa a paso ligero y casi juvenil, remozada por la dulce maternidad del amor, y tan dichosa, que ni se acordaba de reñir a las chiquillas de la escuela, pensando solo en acortarles la tarea para quedarse más pronto en compañía de Segundo. Había en su cariño mucha parte generosa y espiritual, y los mejores instantes de su pasión satisfecha eran aquellas horas nocturnas en que, próximos al balcón, sentados muy cerca el uno del otro, convirtiendo con la imaginación las matas de claveles y albahaca en selva virgen, ella oía, recostada en el hombro de Segundo, los versos que este recitaba con bien timbrada voz, versos cuya armonía se le figuraba a Leocadia un cántico celeste.

La medalla tenía su reverso. Eran amargas las horas matutinas en que Flores, con la cara larga y difícil, contraída o iracunda, con el pañuelo de algodón torcido, arrugado y caído sobre los ojos, venía a notificarle, en breves y truncadas palabras, que:

—Se han acabado los huevos... ¿vienen más? No hay azúcar: ¿de cuál traigo? ¿De ese tan caro de pilón que vino la semana pasada? Hoy traje café, café, dos libritas, como quien lava... Yo no compro más licor: allá tú: yo no.

—¿Qué dices, mujer? ¿Qué te sucede?

—Que si te gusta darle al Ramón, el de la dulcería, veinticuatro reales por una botella de anisete, habiéndolo a ocho en la botica, bien; pero yo no voy a meterle los cuartos en la mano a ese ladrón: a ver cómo no te pide cinco duros por cada frasquito.

Leocadia, suspirando, salía de su letargo; iba a la cómoda, sacaba dinero, no sin pensar que le sobraba la razón a Flores: sus ahorritos, su par de miles de reales para un apuro, ya debían encontrarse temblando; valía más no enterarse del estado del peto: los disgustos, retrasarlos. ¡Dios delante! Y reñía a la vieja con fingida cólera.

—Ve por la botella, anda, no me enfades... A las ocho entran las chiquillas, y aún tengo la enagua por planchar... Hazle el chocolate a Minguitos; más te valiera no tenerlo muerto de hambre... Y dale bizcocho.

—Daré, daré... ¡Pues si yo no le diese al infeliz!... —refunfuñaba la criada, que al nombre de Minguitos, sentía crecer su enojo. Se oía en la cocina el furioso porrazo administrado a la chocolatera para sentarla sobre el fuego y el airado voltear del molinillo en el remolino espumoso del chocolate. Flores entraba en el cuarto del contrahecho, que aún no había abandonado las sábanas, y le tomaba las manos.

—Tienes calor, rapaz... Aquí viene el chocolatito, ¿eh?

—¿Me lo da mamá?

—Te lo daré yo.

—Y mamá, ¿qué hace?

—Almidonando unas enaguas.

Clavaba el jorobadito los ojos en Flores, alzando trabajosamente la cabeza de entre el arco doble del pecho y la espalda. Eran aquellos ojos profundos, con mucha niña: la boca, de mandíbulas salientes, tenía una crispación sardónica y una pálida sonrisa. Echaba los brazos al cuello de Flores, y pegando los labios a su oído:

—¿Vino el otro ayer? —preguntábale.

—Sí, hombre, sí.

—¿Vendrá hoy?

—Vendrá. ¡Pues no! Calla, filliño, calla... toma el chocolate. Está como te gusta: claro y con espumita.

—No tengo casi gana... Ponlo aquí, al lado.

III

En Vilamorta había un Casino, un Casino de verdad, chiquito, eso sí, y por añadidura destartalado, pero con su mesa de billar comprada de lance, y su mozo, un setentón que de año en año sacudía y vareaba la verde bayeta. Porque en el Casino de Vilamorta apenas solían juntarse a diario más que las ratas y las polillas, entretenidas en atarazar el maderamen. Los centros de reunión más frecuentados eran dos boticas, la de doña Eufrasia, situada en la plaza, y la de Agonde, en la mejor calle. Agachada en el ángulo tenebroso de un soportal, la botica de doña Eufrasia era lóbrega; la alumbraba a las horas de conciliábulo un quinqué de petróleo, con tufo, y hacían su mobiliario cuatro sillas mugrientas y un banco. Quien desde fuera mirase, vería dentro un negro grupo, capotes, balandranes, sombreros anchos, dos o tres tonsuras sacerdotales, que de lejos blanqueaban como chapas de boinas sobre el fondo sombrío de la botica. La de Agonde, en cambio, lucía orgullosamente una clara iluminación, seis grandes redomas de cristal de colores vivos y fantástico efecto, una triple estantería cargada de tarros de porcelana blanca con rótulos latinos en letras negras, imponentes y científicos, un diván y dos butacas de gutapercha. Estas dos boticas antitéticas eran también antagónicas; se habían declarado guerra a muerte. La botica de Agonde, liberal e ilustrada, decía de la botica reaccionaria que era un foco de perpetuas conspiraciones, donde durante la guerra civil se había leído El Cuartel Real y todas las proclamas facciosas, y donde desde hacía cinco años se preparaban con suma diligencia fornituras para una partida carlista que jamás llegó a echarse al campo; y según la botica reaccionaria, era la de Agonde punto de cita para los masones, se imprimían libelos en una imprentilla de mano, y se tiraba descaradamente de la oreja a Jorge. Cerrábase religiosamente a las diez en invierno y en verano a las once la tertulia de la botica reaccionaria, mientras la botica liberal solía hasta media noche proyectar sobre el piso de la calle la raya de luz de sus dos claras lámparas y los reflejos azules, rojos y verde-esmeralda de sus redomas; por donde los tertulianos liberales calificaban a los otros de lechuzas, mientras los reaccionarios daban a sus contrincantes el nombre de socios del Casino de la Timba.

Segundo no ponía los pies en la botica reaccionaria, y desde sus relaciones con Leocadia Otero huía de la de Agonde, porque herían su amor propio las bromas y pullas del boticario, maleante y zumbón como él solo. Cierta noche que Saturnino Agonde cruzaba a deshora la plazoleta del Álamo, para ir a donde él y el diablo sabían, pudo ver a Leocadia y Segundo en el balcón, y entreoyó la salmodia de los versos que el poeta declamaba. Desde entonces, en el rostro de Agonde, mocetón sanguíneo y bien equilibrado, leyó Segundo tal desdén hacia las nimiedades sentimentales y la poesía, que por instinto se apartó de él cuanto pudo. Sin embargo, cuando se le ofrecía leer *El Imparcial* y saber alguna noticia, entraba en casa de Agonde breve rato. Hízolo al otro día de su conversación con el eco.

Estaba muy animada la asamblea. El padre de Segundo, recostado en el diván, tenía un periódico sobre las rodillas; su cuñado el escribano Genday, Ramón el confitero, y Agonde, discutían con él acaloradamente. En el fondo, próximos a la trastienda, en una mesita chica, jugaban al tresillo Carmelo el estanquero, el médico don Fermín, alias Tropiezo, el secretario del Municipio y el alcalde. Al entrar notó Segundo algo de inusitado en la actitud de su padre y del grupo que le rodeaba, y persuadido de que ya le darían la noticia, dejose caer en una de las butacas, encendió un cigarro y tomó *El Imparcial*, que andaba rodando sobre el mostrador.

—Pues aquí los papeles no traen nada; lo que se dice nada, exclamaba el confitero.

Desde la mesa de tresillo levantaba la voz el médico, confirmando las dudas de Ramón; tampoco el médico creía que pudiese suceder sin traerlo los papeles.

—Usted se muere por decir a todo que no —replicaba Agonde—. Yo estoy seguro, vamos; y me parece que estando yo seguro...

—Y yo lo mismo —afirmaba Genday—. Si es preciso citar testigos, allá van: lo sé por mi propio hermano, ¿me entienden ustedes?, por mi propio hermano, que se lo ha dicho Méndez de las Vides; vayan ustedes viendo si es autorizada la noticia. ¿Quieren ustedes más? Pues han encargado a Orense, para las Vides, dos butacas, una buena cama dorada, mucha vajilla y un piano. ¿Quedan ustedes convencidos?

—De todas maneras, no vendrán tan pronto —objetó Tropiezo. —Vendrán tal. Don Victoriano quiere pasar aquí las fiestas y las vendimias; dice que le tira muchísimo el cariño del país, y que en todo el invierno no se le oyó hablar sino del viaje.

—Viene a espichar aquí —murmuró Tropiezo—; oí decir que está malísimo. Se van ustedes a quedar sin jefe.

—Váyase usted a... Demonio de hombre, de mochuelo, que solo anuncia cosas fúnebres. Cállese usted o no suelte barbaridades. Atienda, atienda al juego como Dios manda.

Segundo miraba con indiferencia a las redomas de la botica, distraído por el vivo foco azul, verde o carmesí que en cada una de ellas centelleaba. Ya comprendía el asunto de la conversación: la venida de don Victoriano Andrés de la Comba, el ministro, el gran político del país, el diputado orgánico del distrito. ¿Qué le importaba a Segundo la llegada de semejante fantasmón? Y aspirando suavemente su cigarro, se abstrajo del ruido de la disputa. Después se embebió en la lectura de la Hoja de *El Imparcial*, donde elogiaban mucho a un poeta principiante.

Entretanto, se enredaba la partida de tresillo. El boticario, situado a espaldas del alcalde, le daba consejos. Comprometido y arduo caso: un solo de estuche menor; la contra reunida toda en el estanquero y en don Fermín: cogían en medio al hombre: posición endiablada. Era el alcalde de esos viejos séquitos, gastaditos como un ochavo, muy tímidos, que antes de hacer una jugada la piensan en cien años, calculando todas las contingencias y todas las combinaciones posibles de naipes. Ya no quería él echar aquel solo, ¡qué disparate! Pero el impetuoso Agonde le había impulsado, diciendo: —Vaya, lo compro. —Puesto en el disparadero, el alcalde se decidió, no sin protestar.

—Bueno, lo jugaremos... Una calaverada, señores. Para que no digan que me amarro.

Y sucedía todo lo previsto; hallábase entre dos fuegos: de un lado le fallan el rey de copas; de otro le pisan la sota de triunfo aprovechando el caballo; don Fermín se mete en bazas sin saber cómo, mientras el estanquero, con sonrisa maliciosa, guarda su contra casi enterita. El alcalde levanta hacia Agonde los ojos suplicantes.

—¿No se lo decía yo a usted? ¡En buena nos hemos metido! Va a ser codillo, codillo cantado.

—No, hombre, no... es usted un mandria, que se apura por todo... Está usted ahí jugando con más miedo que si le apuntasen con una escopeta... ¡Arrastrar, arrastrar! Los chambones siempre se mueren de indigestión de triunfos.

Los adversarios se guiñaban el ojo malignamente.

—Deposita non tibit —exclamó el estanquero.
—Si codillum non resultabit —corroboró don Fermín.
Sintió el alcalde un escalofrío en el mismo bulbo capilar, y, por consejo de Agonde, resolviose a mirar lo que iba jugado, enterándose de las bazas de los compañeros y contando los triunfos. Tropiezo y el estanquero refunfuñaron.
—¡Qué manía de levantarles las faldas a los naipes!
El alcalde, algo más sereno, determinó por fin salir de dudas, suspiró y en algunos arrastres briosos y decisivos se resolvió la jugada, quedando todos iguales, a tres bazas cada uno.
—La de los sabios —dijeron casi a un tiempo estanquero y médico.
—¿Lo ve usted? Poniéndose lo peor del mundo, no le han dado codillo —observó Agonde—. Para hacer la puesta, se necesitaron requisitos...
Tenía a todos suspensos el interés palpitante de la jugada, menos a Segundo, absorto en una de las perezosas meditaciones en que el bienestar del cuerpo acrecienta la actividad de la fantasía. Llegaban a sus oídos las voces de los jugadores como lejano murmullo; él estaba a cien leguas de allí: pensaba en el artículo del periódico, del cual se le habían quedado grabadas en la memoria ciertas frases especialmente encomiásticas, hisopazos de miel con que el crítico disimulaba los defectos del poeta elogiado. ¿Cuándo le llegaría su turno de ser juzgado por la prensa madrileña? Sábelo Dios... Prestó atención a lo que se hablaba.
—Hay que darle siquiera una serenata —declaraba Genday.
—¡Hombre... una serenata! —respondió Agonde—: ¡gran cosa! Algo más que serenata: hay que armar cualquier estrépito por la calle; una especie de manifestación, que pruebe

que aquí el pueblo es suyo... Habrá que nombrar una comisión, y recibirle con mucho cohete, y la música a todas horas... Que rabien esos cazurros de doña Eufrasia.

El nombre de la otra botica produjo una explosión de bromas, chistes y pateaduras. Hubo comentarios.

—¿No saben ustedes? —interrogó el socarrón de Tropiezo—. Parece que a doña Eufrasia le ha escrito Nocedal una carta muy fina, diciéndole que él representa a don Carlos en Madrid y que ella, por sus méritos, debe representarle en Vilamorta.

Carcajadas homéricas, algazara general. Habla Genday el escribano.

—Bueno, eso será mentira; pero es verdad, una verdad como un templo, que doña Eufrasia le remitió a don Carlos su retrato con dedicatoria.

—¿Y la partida? ¿Señalaron el día en que ha de levantarse?

—¡Vaya! Dice que la mandará el abad de Lubrego.

Se duplicó el regocijo de la tertulia, porque el abad de Lubrego frisaba en los setenta y se hallaba tan acabadito, que a duras penas podía tenerse sobre la mula. Entró en la botica un chiquillo, columpiando un frasco de cristal.

—¡Don Saturnino! —chilló con voz atiplada.

—A ver, hombre —contestó el boticario remedándole.

—Deme a lo que esto huele.

—Quedamos enterados... —murmuró Agonde arrimando el frasco a la nariz—. ¿A qué huele, don Fermín?

—Hombre... es así como... láudano, ¿eh?, o árnica.

—Vaya el árnica, que es menos peligrosa. Dios te la depare buena.

—Son horas de recogerse, señores —avisó el abogado García consultando su cebolla de plata. Genday se levantó también, y le imitó Segundo.

Los tresillistas se enfrascaron en hacer cuentas y liquidar las ganancias céntimo por céntimo, escogiendo fichas blancas y fichas amarillas. Al pisar la calle recibíase grata impresión de frescura; estaba la noche entre clara y serena; los astros despedían luz cariñosa, y Segundo, en quien era inmediata la percepción de la poesía exterior, sintió impulsos de plantar a su padre y tío, y marcharse carretera adelante, solo como de costumbre, a gozar tan apacible noche. Pero su tío Genday se le colgó del brazo.

—Rapaz, estás de enhorabuena.

—¿De enhorabuena, tío?

—¿Tú no rabias por salir de aquí? ¿Tú no quieres volar a otra parte? ¿Tú no le tienes tirria al bufete?

—Hombre —intervino el abogado—; él que ya es loco y tú que le revuelves la cabeza más...

—¡Calla, tonto! Don Victoriano viene, le presentamos al chico y le pedimos la colocación... Y la ha de dar buena, que aunque él se figure otra cosa, si no nos complace, le costará la torta un pan... No está el distrito como él piensa, y si los que le sostenemos nos acostamos, se la juegan de puño los curas.

—¿Y Primo? ¿Y Méndez de las Vides?

—No pueden con ellos... El día menos pensado les dan un desaire, me los dejan en una vergüenza... Pero tú, muchacho... Míralo bien: ¿no te lleva afición por la abogacía?

Segundo se encogió de hombros, sonriendo.

—Pues discurre... así, a ver que te convendría más... Porque algo has de ser; en alguna parte has de meter la cabeza. ¿Te gustaría un juzgado de entrada?, ¿un destino en el ramo de correos?, ¿en alguna oficina?

Estaban dando la vuelta a la plazoleta para acercarse a casa de García, y al pasar por delante del balcón de Leocadia, el aroma de los claveles penetró hasta el cerebro de Segundo. Experimentó una reacción poética, y dilatando las fosas nasales para recoger la fragancia, exclamó:

—Ni juez, ni empleado en correos... Déjeme de eso, tío.

—No porfíes, Clodio —dijo agriamente el abogado—. Este no quiere ser nada, nada, más que un solemne holgazán, y pasarse la vida echando borroncitos en papelitos... Ni más ni menos. Allá van los cuartos de la carrera, todo lo que gasté; allá van el Instituto, la Universidad, la pechera, el levitín, la botica flamante; y luego, cuando uno piensa que los tiene habilitados, vuelta a cargar sobre las costillas de uno... a fumar y comer a su cuenta... Sí, señor... Yo tengo tres, tres hijos para gastarme y chuparme el jugo, y ninguno para darme ayuda... Así son estos señoritos... ¡vaya!

Segundo, parado y con las facciones contraídas, se retorcía la punta del bigotillo. Todos se detuvieron en la esquina de la plazoleta, como suele suceder cuando una plática se enzarza.

—No sé de dónde saca usted eso, papá... —declaró el poeta—. ¿Usted se figura que me he propuesto no pasar de Segundo García, el hijo del abogado? Pues se equivoca mucho. Ganas tendrá usted de librarse del peso que le hago; pero más aún tengo yo de no hacérselo.

—¿Y luego, a qué aguardas? El tío te está proponiendo mil cosas y no te acomoda ninguna. ¿Quieres empezar por ministro?

El poeta dio nuevo tormento a su bigote.

—No hay que cansarse, papá. Yo haría muy mal empleado en correos y peor juez. No me quiero sujetar al ingreso en una carrera dada, donde todo esté previsto y marcha por sus pasos contados... Para eso, sería abogado como usted o escribano como el tío Genday. Si realmente cogemos a don Victoriano de buen talante, pídanle ustedes para mí cualquier cosa... un puesto sin rótulo, que me permita residir en Madrid... Yo me las arreglaré después.

—Te las arreglarás... Sí, sí, bien hablas... Me girarás letritas, ¿eh?, como tu hermano el de Filipinas... Pues sírvate de gobierno que no puedo... que no robé lo que tengo, ni fabrico moneda.

—Si yo nada pido —gritó Segundo con salvaje cólera—. ¿Le estorbo a usted? Pues sentaré plaza o me largaré a América... Ea, se acabó.

—No —dijo el abogado calmándose—... Siempre que no exijas más sacrificios...

—Ninguno... ¡así me muriese de hambre!

Abriose la puerta del abogado: la vieja tía Gaspara, en refajos, hecha un vestiglo, salió a abrir; traía un pañuelo de algodón tan encima del rostro, que no se le distinguían las hurañas facciones. Segundo retrocedió ante aquella imagen de la vida doméstica.

—¿No entras? —interrogó su padre. —Voy con el tío Genday.

—¿Vuelves pronto?

—Enseguida.

Tomó plazoleta abajo y explicó sus proyectos a Genday. Este, chiquitín y fosfórico de genio, se agitaba como una lagartija, aprobando. No le desagradaban a él las ideas de su sobrino. Su cabeza activa y organizadora, de agente electoral y escribano mañero, admitía mejor los planes vastos que la cabeza metódica del abogado García. Quedaron tío y sobrino muy conformes en el modo de beneficiar el influjo de don Victoriano. Charlando así, llegaron a casa de Genday, y la criada de este, mocita guapa, le abrió la puerta con toda la zalamería de una fámula de solterón incorregible. En vez de volverse a su domicilio, Segundo, preocupado y excitado, bajó a la carretera, se detuvo en el primer soto de castaños, y sentándose al pie de una cruz de madera que allí dejaran los jesuitas durante la última misión, se entregó al pasatiempo inofensivo de contemplar los luceros, las constelaciones y todas las magnificencias siderales.

IV

Durante las pesadas siestas de Vilamorta, mientras los agüistas digerían sus vasos de agua mineral y compensaban la madrugona con un letargo reparador, los músicos aficionados de la banda popular ensayaban las piezas que pronto ejecutarían reunidos. De la tienda del zapatero salían trinos melancólicos de flauta: en la del panadero resonaban briosas y marciales notas de cornetín: en el estanco gemía un clarinete: por el almacén de paños vagaban los ahogados suspiros de un figle. Los que así se consagraban al culto de Euterpe eran dependientes de comercio, hijos de familia, el elemento joven de Vilamorta. Semejantes fragmentos de melodía brotaban con penetrante sonoridad de entre la perezosa y cálida atmósfera. Cuando se esparció la nueva de que dentro de veinticuatro horas llegaba don Victoriano Andrés de la Comba y su familia, para salir inmediatamente a las Vides, estaba la charanga sumamente afinada y acorde ya, dispuesta a atronar con tandas de valses, dancitas y pasos dobles los oídos del insigne varón.

Notose en la villa movimiento desacostumbrado. La casa de Agonde se abrió, ventiló y barrió, saliendo por sus ventanas nubes de polvo: la hermana de Agonde se asomó poco después, peinada en flequillo y con un collar de caracoles nacarados. El ama del cura de Cebre, guisandera famosa, daba vueltas en la cocina, y se oía el sonsonete del almirez y el chirriar del aceite. Dos horas antes de la de las cinco, a que llega el coche de Orense, miden ya la plaza las notabilidades calificadas del partido combista-radical, y Agonde espera en el umbral de su botica, habiendo sacrificado a la solemnidad de la ocasión su clásico gorro y chinelas de terciopelo, y luciendo botas de charol y levita inglesa, que le hace parecer más corto de cuello y más barrigudo.

Entraba el coche de Orense por la parte del soto, y al resonar sus cascabeles y campanillas, el trote de sus ocho mulas y jacos y el carranqueo de su pesada mole, los vecinos de Vilamorta se colgaron de los balcones, se asomaron a los portales; solo la botica reaccionaria permaneció cerrada y hostil. Al desembocar el gran armatoste en la plaza, agitáronse los grupos; varios chiquillos, descalzos, treparon al estribo pidiendo un ochavo en plañidera voz; las fruteras de los soportales se incorporaron para mejor ver, y únicamente Cansín, el tendero de paños, con las manos metidas en los bolsillos y en babuchas, prosiguió recorriendo su almacén de arriba abajo, afectando olímpica indiferencia. Refrenó el mayoral el tiro, diciendo en tono conciliador a una mula resabiada:

—Eeeeeeh... Bueno ya, bueno ya, Canóniga...

Estalló la charanga, formada ante el ayuntamiento, en ensordecedor preludio y el primer cohete salió pitando, despidiendo chispas... Lanzose el grupo en masa hacia la portezuela para ofrecer la mano, el brazo, cualquier cosa... Y bajaron trabajosamente una señora gruesa, un cura con las sienes abrigadas por un pañuelo de algodón a cuadros... Agonde, con más risa que enojo, hizo señas a la charanga y a los coheteros de que cesasen en su faena.

—¡No viene aún! ¡No viene aún! —gritaba. En efecto, no traía más gente el ómnibus. El mayoral se deshizo en explicaciones.

—Vienen ahí, a dos pasos, como quien dice... En el coche del conde de Vilar... En la carretela... Por causa de la señora... Yo aquí traigo el equipaje... Y pagaron los asientos como si los ocupasen...

No tardó en escucharse el trote acompasado y gemelo del tronco del conde de Vilar, y la carretela descubierta, de arcaica forma, penetró majestuosamente en la plaza. Recostábase en el fondo un hombre envuelto, a pesar del calor, en un abrigo de paño; a su lado una mujer con impermeable de dril gris destacaba sobre el puro azul del cielo el ala caprichosa de su sombrero de viaje. En el asiento delantero, una niña como de diez años, y una mademoiselle, especie de aya-niñera ultrapirenaica. Segundo, que al llegar la diligencia se había quedado atrás, no aproximándose al estribo, esta vez anduvo menos reacio, y la mano, que cubierta con largo guante de Suecia se tendía pidiendo apoyo, encontró otra mano de presión enérgica y nerviosa. La señora del ministro miró con sorpresa al galán, le hizo un saludo reservado, y tomando el brazo que la brindaba Agonde, entró a buen paso en la botica.

Tardó más en bajarse el hombre político. Sorprendidos le miraban sus partidarios. Había variado mucho desde su última estancia en Vilamorta —ocho o diez años antes, en plena revolución—. Su pelo gris pizarra, más blanco en las sienes, realzaba la amarillez de la piel; amarillo también y con estrías de sangre tenía lo blanco del ojo; y su semblante, arado y marchito, mostraba impresas en signos visibles las zozobras de la lucha social, las vicisitudes de la banca política y los sedentarios trabajos del foro. Su cuerpo estaba como desgonzado, faltándole el aplomo, la actitud que revela el vigor físico. No obstante, cuando menudearon los apretones de manos, cuando los tanto bueno... por fin... al cabo de los años mil... resonaron en torno con halagüeño murmullo, el gladiador exánime recobró fuerzas, se irguió, y una amable sonrisa dilató sus secos labios, prestando grata expresión a la ya severa boca. Hasta abrió los brazos a Genday, que se agitó en ellos con coleteos de anguila, y dio palmadicas en los hombros al alcalde. García el abogado trataba de hacerse visible y destacarse del grupo, murmurando con el tono grave de quien emite parecer sobre cosas muy peliagudas:

—Vaya, ahora arriba, arriba, a descansar, a tomar algo...

Por fin el remolino se aquietó subiendo a la botica el personaje, y tras él García, Genday, el alcalde y Segundo.

En la salita de Agonde tomaron asiento, dejando respectivamente a don Victoriano el sofá de reps grosella, y formando en torno suyo un semicírculo de sillas y butacas. A poco rato aparecieron las señoras, ya sin sombrero, y entonces pudo verse que la de Comba era linda y fresca, pareciendo, más que madre, hermana mayor de la niña. Esta, con su copiosa mata de pelo tendida por la espalda, su seriedad de mujercita precoz, tenía aspecto triste, de arbolillo ético; mientras su mamá, rubia risueña, ostentaba gran lozanía. Hablose del viaje, de las feraces orillas del Avieiro, del tiempo, del camino; la conversación enfriaba, cuando entró oportunamente la hermana de Agonde, precediendo al ama del cura, cargada con dos enormes bandejas donde humeaban jícaras de chocolate, pues de cena no entendían los huéspedes. Con depositarlo sobre el velador, servirlo, repartirlo, se animó la reunión. Los vilamortanos, encontrando asunto adecuado a sus facultades oratorias, empezaron a instar a los forasteros, a encomiar las excelencias de los manjares, y, llamando por su nombre de pila a la señora de Comba y agregando un cariñoso diminutivo al de la niña, se deshicieron en exclamaciones y preguntas.

—Nieves, ¿está el chocolate a su gusto?

—¿Acostumbra tomarlo claro o espeso?

—Nieves, este pellizco de bizcocho maimón por mí: es una cosa superior, que solo acá sabemos hacer.

—Victoriniña, vamos, a perder la vergüenza: esta manteca fresca sabe mucho con el pan caliente.

—¿Un pedacito de esponjado tostado? ¡Ajajá! De esto no hay por Madrid, ¿eh?

—No... —contestaba la voz clarita y remilgada de la niña—. En Madrid tomábamos con el chocolate buñuelos y churros.

—Aquí no se estilan buñuelos, sino bizcochitos... De esto de encima, de lo dorado... Eso no es nada: un pajarito lo pica...

Terció en el debate don Victoriano, encareciendo el pan: él no podía comerlo; se lo habían prohibido en absoluto, pues su enfermedad le vedaba las féculas y los glútenes, hasta el extremo de que solían enviarle de Francia unas hogazas preparadas ad hoc, sin ningún elemento glucogénico; y al decir esto, volviose hacia Agonde, que aprobó, mostrando entender el terminillo. Y sentía doblemente don Victoriano la veda, porque nada encontraba comparable al pan de Vilamorta: mejor en su género que el bizcocho, sí señor. Reíanse los vilamortanos, muy lisonjeados en su amor propio; mas García, meneando sentenciosamente la cabeza, explicó que ya el pan decaía; que no era como en otros tiempos, y que solo el Pellejo, el panadero de la plaza, lo amasaba a conciencia, teniendo la santa cachaza de escoger el trigo grano por grano, y no admitir ninguno picado del gorgojo; así resultaba tan sabroso el mollete y con tanta liga. Se discutió si debía o no tener ojos el pan, y si caliente era indigesto.

Don Victoriano, reanimado por estas mínimas vulgaridades, hablaba de su niñez, de los zoquetes de pan untados con manteca o miel que le daban de merienda; y al añadir que también solía su tío el cura administrarle buenos azotes, volvió la sonrisa a suavizar las hundidas líneas de su rostro.

Dulcificábase su fisonomía con aquella efusión, borrándose los años de combate y las cicatrices de las heridas, y luciendo un reflejo de la juventud pasada. ¡Qué ganas tenía de volver a ver en las Vides un emparrado del cual mil veces robara uvas allá de chiquillo!

—Aún las ha de robar usted ahora —exclamó festivamente Clodio Genday—. Ya le diremos al señor de las Vides que ponga un guarda en la parra del Jaén.

Celebrose el chiste con hilaridad suprema, y la niña soltó su risilla aguda ante la idea de que robase uvas su papá. Segundo no hizo más que sonreírse. Tenía los ojos fijos en don Victoriano y pensaba en su destino. Repasaba toda la historia del personaje: a la edad de Segundo era también don Victoriano un oscuro abogaduelo, enterrado en Vilamorta, ansioso de romper el cascarón. Se había ido a Madrid, donde un jurisconsulto de fama le tomó de pasante. El jurisconsulto picaba en político y don Victoriano siguió sus huellas. ¿Cómo empezó a medrar? Espesas tinieblas en torno de la génesis. Unos decían erres y otros haches. Vilamorta se le encontró, cuando me nos se percataba, candidato y diputado: ya frisaría por entonces en los treinta y cinco, y se exageraba su talento y porvenir. Una vez de patitas en el Congreso, creció la importancia de don Victoriano, y cuando vino la Revolución de septiembre, le halló empinado asaz para improvisarle ministro. El breve ministerio no le dio tiempo a gastarse ni a demostrar especiales dotes, y, casi intacto su prestigio, le admitió la Restauración en un gabinete fusionista. Acababa de soltar la cartera y venía a reponer su quebrantada salud al país natal, donde su influencia era incontestable y robusta, gracias al enlace con la ilustre casa de Méndez de las Vides... Segundo se preguntaba si colmaría sus aspiraciones la suerte de don Victoriano. Don Victoriano tenía dinero: acciones del

Banco y de vías férreas, en cuyo consejo de administración figuraba el hábil jurisconsulto... Enarcó desdeñosamente las cejas nuestro versificador, y miró a la esposa del ministro: aquella gentil beldad no amaba, de seguro, a su dueño. Era hija del segundón de las Vides, un magistrado: se casaría alucinada por la posición. ¡Vive Dios! El poeta no envidiaba al político. ¿Por qué se habría encumbrado aquel hombre? ¿Qué extraordinarias dotes eran las suyas? Difuso orador parlamentario, ministro pasivo, algo de capacidad forense... Total, una medianía...

Mientras elaboraba estas ideas el cerebro de Segundo, la señora de Comba se entretenía en desmenuzar los trajes y fachas de los presentes. Analizó, con los ojos entornados, todo el atavío de Carmen Agonde, embutida en un corpiño azul fuerte, muy justo, que arrebataba la sangre a sus mejillas pletóricas. Bajó después la burlona ojeada a las botas de charol del farmacéutico, y volvió a subir hasta los dedos de Clodio Genday, culotados por el cigarro, y el chaleco de terciopelo a cuadritos morados y blancos del abogado García. Por último se posó en Segundo, investigando algún pormenor de indumentaria. Pero la rechazó como un escudo otra mirada fija y ardiente.

V

Agonde madrugó y bajó temprano a la botica, dejando a sus huéspedes entregados al sueño, y a Carmen encargada de meterles, apenas se bullesen, el chocolate en la boca. Quería el boticario gozar del efecto producido en el pueblo por la estancia de don Victoriano. Recostábase en el diván de gutapercha, cuando vio cruzar a Tropiezo, caballero en su parda mulita, y le holeó:

—Hola, hola... ¿A dónde se va tan de mañana?

—A Doas, hombre... Me hace falta todo el tiempo. —Y al afirmarlo, el médico se apeaba, atando su montura a una argolla incrustada en la pared.

—¿Es tan apurada la cosa?

—¡Tssss! La vieja, la abuela de Ramón el dulcero... Si dice que ya está sacramentadiña.

—¿Y le mandan el recado ahora?

—No; si ya fui anteayer... y le puse dos docenas de sanguijuelas que sangraron a tutiplén... Parecía un cabrito... Quedó muy débil, hecha una oblea... Puede que si en vez de sanguijuelas le doy otra cosa que pensaba...

—Vamos, un tropiezo —interrumpió Agonde maliciosamente.

—En la vida todos son tropiezos... repuso el médico encogiéndose de hombros. ¿Y por arriba? —añadió mirando al techo. —Como príncipes... roncando.

—¿Y... él... qué tal? —silabeó don Fermín bajando la voz.

—¿Él? —pronunció Agonde imitándole...—. Así... así... ¡algo viejo! Con mucho pelo blanco...

—Pero, ¿luego qué tiene, vamos a ver? Porque estar, está enfermo.

—Tiene... una enfermedad nueva, muy rara, de las de última moda... Y Agonde sonreía picarescamente.

—¿Nueva?

Agonde entornó los ojos, pegó la boca al oído de Tropiezo y articuló dos palabras, un verbo y un sustantivo.

—... azúcar.

Soltó Tropiezo fuerte risotada; de pronto se quedó muy serio y se frotó repetidas veces la nariz con el dedo índice.

—Ya sé, ya sé —declaró enfáticamente...—. Hace poco que leí de eso... Se llama... aguarde, hom... di... diabetes sacarina, que viene de sácaro, azúcar... y de... ¡Justamente las aguas de aquí y otras de Francia son las únicas para curar ese mal! Si bebe unos vasitos de la fuente, tenemos hombre.

Emitía Tropiezo su dictamen apoyándose en el mostrador, sin acordarse ya de la mulita, que pateaba a la puerta. Guiñando un ojo, preguntó de repente:

—Y la señora, ¿qué dice del mal del marido?

—¡Qué ha de decir, hombre! No sabrá que es de cuidado.

Una mueca de indescriptible y grosera burla metamorfoseó la cara inexpresiva del médico; miró a Agonde, y ahogando otra explosión de risa, dijo:

—La señora... ¡Si que la señora no lo sabrá! ¿Usted leyó los síntomas del mal? Pues justamente...

—¡Chsst! —atajó furioso el boticario. Toda la familia Comba hacía irrupción en la botica por el postigo del portal. Madre e hija formaban lindo grupo, ambas de enormes *Pamela*s de paja tosca, adornadas con un lazo colosal de lanilla color fuego; sus trajes de tela cruda, bordados con trencilla roja, completaban lo campestre del atavío, semejante a un ramillete de amapolas y heno. Colgábale a la niña su rica mata de pelo oscuro, y a la madre se le embrollaban las crenchas rubias bajo la sombra del ala del sombrerón. No llevaba Nieves guantes, ni en su tez se veían rastros de polvos de arroz, ni de otros artificios de tocador, imputados injustamente por las provincianas a las madrileñas: al contrario, se notaban en las rosadas orejas y cuello señales de enérgico lavatorio y fricciones de toalla. En cuanto a don Victoriano, la luz matinal revelaba mejor la devastación de su semblante. No estaba, conforme al dicho de Agonde, viejo: lo que allí se advertía era la virilidad; pero atormentada, exhausta, herida de muerte.

—Jesús, María! ¿Ustedes han tomado chocolate? —preguntaba Agonde confuso.

—No, amigo Saturnino... ni lo tomamos, con permiso de usted, hasta volver... No pase usted cuidado por nosotros... Victorina le ha saqueado a usted la alacena... el aparador...

Entreabrió la niña un pañuelo que llevaba atado por las cuatro puntas, descubriendo una hacina de pan, bizcocho y queso del país.

—Al menos les bajaré un queso entero... Iré a ver si hay pan fresco, de ahora mismito...

No quería don Victoriano; por Dios, que no le quitasen el gusto de irse a desayunar a la alameda de las aguas, igual que de muchacho. Agonde observó que no eran sanos para él tales alimentos; y al oírlo Tropiezo, se rascó una oreja y murmuró con escéptico tono:

—Bah, bah, bah... Le son cosas de ahora, novedades... Lo sano para el cuerpo, ¿se hacen de cargo?, es lo que el cuerpo pide y reclama... Si al señor le apetece el pan... Y para su enfermedad, señor don Victoriano, ya no hay como estas aguas. No sé a qué va la gente a dar cuartos a los franchutes cuando aquí tenemos cosas mejores.

El ministro miró a Tropiezo con vivo interés. Acordábase de su última consulta a Sánchez del Abrojo y del fruncimiento de labios con que el docto facultativo le había dicho: «Yo le mandaría a usted a Carlsbad o a Vichy... pero no siempre están indicadas las aguas... A veces precipitan el curso natural de las afecciones... Descansar algún tiempo y observar régimen: veremos cómo vuelve usted en otoño...». ¡Qué diablo de cara tenía Sánchez del Abrojo al hablar así! Una fisonomía reservada, de esfinge. La afirmación explícita de Tropiezo despertó en don Victoriano tumultuosas esperanzas. Aquel practicón de aldea debía saber mucho por experiencia: más acaso que los orondos doctores cortesanos.

—Vamos, papá —suplicaba la niña tirándole de la manga.

Emprendieron el camino. Vilamorta, madrugadora de suyo, vivía más activamente entonces que por la tarde. Abiertas se hallaban las tiendas; colmados los cestos de las fruteras; Cansín medía su almacén con las manos en los bolsillos, haciéndose el desentendido por no saludar a Agonde ni reconocer su triunfo; el Pellejo, muy enharinado, regateaba con tres panaderos de Cebre, que le pedían trigo del bueno; Ramón el de la dulcería tableteaba sobre el mostrador con un gran tablero lleno de libras de chocolate, y antes que se enfriasen del todo las marcaba con un hierro rápidamente.

Era despejada la mañanita, y ya picaba más de lo justo el Sol. La comitiva, engrosada con García y Genday, se internó por huertecillas y maizales hasta el ingreso de la alameda. Exhaló don Victoriano una exclamación de júbilo. Era la misma hilera doble de olmos, alineada sobre el río, el espumante y retozón Avieiro, que se escurría a borbotones, en cascaduelas mansas, con rumor gratísimo, besando las peñas gastadas y lisas por el roce de la corriente. Reconoció los espesos mimbrerales; recordó todo el saudoso ayer, y, conmovido, se apoyó en el parapeto de la alameda. Encontrábase el lugar casi desierto; media docena, a lo sumo, de mustios y biliosos agüistas, daban vueltas por él con lento paso, hablando en voz queda de sus padecimientos, eructando el bicarbonato de las aguas. Nieves, reclinada en un banco de piedra, contemplaba el río. La niña la tocó en el hombro.

—Mamá, el chico de ayer.

A la otra orilla, sobre un peñasco, estaba de pie Segundo García, distraído, con su sombrero de paja echado hacia atrás y la mano puesta en la cadera, sin duda para guardar el equilibrio en tan peligrosa posición. Nieves riñó a la chiquilla.

—No seas tontita, hija... Me has dado un susto... Saluda a ese señor.

—Es que no mira... ¡Ah!, ya miró... Salúdale tú, mamita... Se quita el sombrero... va a resbalar... ¡Quia! Ya está en sitio seguro...

Don Victoriano bajaba los escalones de piedra que conducían a la fuente mineral. En pobre gruta moraba la náyade: un cobertizo sustentado en toscos postes, una estrecha pila de donde rebosaba el manantial, unas pocilgas inmundas para los baños, y un fuerte y nauseabundo olor a huevos podridos, causado por el estancamiento del agua sulfurosa, era cuanto allí encontraba el turista exigente. Sin embargo, a don Victoriano se le inundó el alma de purísimo gozo. Cifraba aquella náyade la mocedad, la mocedad perdida: los años de ilusiones, de esperanzas frescas como las orillitas del río Avieiro. ¡Cuántas mañanas había venido a beber de la fuente por broma, a lavarse la cara con el agua que en el país gozaba renombre de poseer estupendas virtudes medicinales para los ojos! Don Victoriano alargó ambas manos, las sumió en la corriente tibia, sintiéndola con fruición resbalar por entre sus dedos, y jugueteando con ella y palpándola como se palpan las carnes de un ser querido. Pero el cuerpo ondeante de la náyade se le escapaba lo mismo que se escapa la juventud: sin ser posible detenerla. Entonces se despertó la sed del ex-ministro. Allí, al lado, sobre el borde de la pila, había un vaso; y el bañero, pobre viejo chocho, se lo brindó con sonrisa idiota. Bebió don Victoriano cerrando los ojos, con inexplicable placer, saboreando el agua misteriosa, encantada por las artes mágicas del recuerdo. Apurado el vaso, enderezose y subió con paso firme y elástico la escalera. En la alameda, Victorina, que se desayunaba con pan y queso, quedó asombrada cuando su padre, jovialmente, la cogió del regazo un zoquete de pan diciéndola:

—Todos somos de Dios.

VI

Así tanto como la llegada de don Victoriano, alborotó a Vilamorta la del señor de las Vides, en persona, acompañado de su mayordomo Primo Genday. Ocurrió este suceso memorable la tarde del día en que don Victoriano infringió las prescripciones de la ciencia, comiéndose media libra de pan tierno. A las tres, con un Sol de justicia, entraron por la plaza Genday el mayor y Méndez, caballero este en una poderosa mula, y aquel en un mediano jaco.

Era el señor de las Vides viejecito, seco lo mismo que un sarmiento. Sus mejillas primorosamente rasuradas, sus labios delgados y barba y nariz aristocráticamente puntiagudas, sus ojos benévolos, maliciosos, con las mil arrugas de la pata de gallo, su perfil inteligente, su cara lampiña, pedían a gritos la peluca de bucles, la bordada chupa y la tabaquera de oro de los Campomanes y Arandas. Con su fisonomía afilada y sutil, contrastaba la de Primo Genday. Tenía el mayordomo el color blanco y sonrosado, la piel fina y transparente de los hemipléjicos, bajo la cual se ramifican inyectadas venas. De sus verdosos ojos, el uno estaba como sujeto al párpado lacio y colgante, y el otro giraba, humedecido, con truhanesca vivacidad. El pelo, blanco de plata, muy rizoso, le daba un parecido remoto con el rey Luis Felipe, tal cual conserva su efigie el cuño de los napoleones.

Mediante una combinación frecuente en los pueblos chicos, Primo Genday y su hermano Clodio militaban en opuestos bandos políticos, poseyendo en el fondo una sola voluntad y caminando a idénticos fines. Clodio se significaba entre los radicales: Primo era el sostén del partido carlista, y en los casos de apuro, en las electorales lides, se daban la mano por encima de la tapia. Al resonar sobre la acera el trote del jaco de Primo Genday, abriéronse los balcones de la botica reaccionaria y dos o tres manos se agitaron en señal de bienvenida cariñosa. Primo se detuvo y Méndez continuó su ruta hasta llegar al portal de Agonde, echando allí pie a tierra.

Le recibieron los brazos de don Victoriano y se perdió en las honduras de la escalera. La mula se quedó atada a la argolla, pateando a más y mejor, mientras los curiosos de la plaza consideraban con respeto los arcaicos jaeces del hidalgo, claveteados de plata sobre el labrado cuero, ya reluciente por el uso. Poco a poco fueron reuniéndose con la mula individuos de la raza asinina y caballar, conducidos del diestro, y la gente los distribuyó con mucho tino. El jaco castaño del alguacil, de buena estampa, con su galápago y su cabezada de seda, sería para el ministro: de seguro. La borrica negra, con jamúa-sillón de terciopelo rojo, quién duda que para la señora. A la niña le darían la otra pollina blanca y mansita. El burro del alcalde, para la doncella. Agonde iría en su yegua de costumbre, la Morena, con más esparavanes en los corvejones que cerdas en la cola. A todo esto, los radicales, García, Clodio, Genday, Ramón, examinaban las cabalgaduras y el estado de los aparejos, calculando cuantas probabilidades de éxito ofrecía la tentativa de llegar a las Vides antes del anochecer. El abogado meneaba la cabeza, diciendo enfática y sentenciosamente:

—Mucha, mucha calma se están dando para eso...

—¡Y le traen a don Victoriano el caballo del alguacil! —exclamó el estanquero—. ¡Rinchón como un demonio! Va a armarse aquí un Cristo... Tú, Segundo, ¿cuando lo montaste... te hizo algo?

—A mí, nada... Pero es alegre.

—Verás, verás.

Los viajeros salían ya y comenzó a disponerse la cabalgata. Las señoras se afianzaron en sus jamúas y los hombres se asentaron en los estribos. Entonces se representó el drama anunciado por el estanquero, con grave escándalo y mayor retraso de la comitiva. No bien hubo olfateado el jaco del alguacil una hembra de su raza, empezó a sorber el aire todo descompuesto, exhalando apasionados relinchos. Don Victoriano recogía las bridas, pero el rijoso animal ni aún sentía el hierro en la boca, y encabritándose primero y disparando después valientes coces y revolviendo por último la cabeza para morder el muslo del jinete, hizo tanto, que don Victoriano, algo descolorido, tuvo por prudente apearse. Agonde, furioso, se bajó también.

—¿Pero qué condenado de caballo es ese? —gritó—. A ver, pedazos de brutos... ¿Quién os manda traer el caballo del alguacil? ¡Parece que no sabéis que es una fiera! Usted... Alcalde... o usted, García... pronto... la mula de Requinto, que está a dos pasos... Señor don Victoriano, lleve usted mi yegua... Y ese tigre, a la cuadra con él.

—No, le objetó Segundo... Yo lo montaré, ya que está ensillado. Iré hasta el crucero.

Dicho y hecho: Segundo, provisto de una vara fuerte, cogió al jaco por las crines de la cerviz y de un salto estuvo en la silla. En vez de apoyarse en el estribo, apretó los muslos, mientras sacudía una lluvia de tremendos varazos en la cabeza del animal. Este, que ya se iba a la empinada, soltó un relincho de dolor y bajó los humos, quedándose quieto, trémulo y domado. La cabalgata se puso en movimiento así que llegó la mula de Requinto, no sin previos apretones de mano, sombreradas y hasta un ¡viva! vergonzante, salido no sé de dónde. Tomó el cortejo carretera adelante, abriendo la marcha la yegua y mulas y quedándose atrás las borricas, a cuyo lado iba, honesto a puras vareadas, el jaco. Ya declinaba el Sol dorando el polvo de la carretera, prolongaban su sombra los castaños, y subía de la encañada un airecillo regalado, portador de la humedad del río.

Segundo callaba. Victorina, contentísima de ir a lomos de borrico, sonreía, pugnando en balde por tapar con el vestido las rótulas puntiagudas, que la tablilla del aparejo le obligaba a subir y descubrir. Nieves, reclinada en la jamúa, sostenía su sombrilla de encaje crudo con transparente rosa, y al comenzar a andar sacó del pecho un reloj sumamente chiquito y miró la hora que era. Momentos embarazosos. Por fin Segundo comprendió la necesidad de decir algo.

—¿Qué tal, Victorina? ¿Vamos bien?

Ruborizose la niña extraordinariamente, como si le preguntasen cosas muy reservadas e íntimas, y dijo en ahogada voz:

—Sí, muy bien.

—¿A que prefería usted ir en mi caballo? Si no tiene usted miedo la llevo delante.

La niña, que ya no podía estar más sofocada, bajó los ojos sin contestar, pero la madre, con graciosa sonrisa, terció en el diálogo.

—Y diga usted, García, ¿por qué no tutea usted a la chiquilla? La trata usted con un respeto... Va a figurarse que está ya de largo.

—Sin su permiso no me atreveré yo a tutearla.

—Anda, Victorina, dale permiso a este caballero...

Encerrose la niña en el invencible mutismo de las adolescentes, en quienes la sensibilidad exquisita y temprana produce una timidez extremadamente penosa. Sus labios sonreían, y sus ojos, al mismo tiempo, se arrasaron en lágrimas. Mademoiselle le dijo no sé qué en francés, con gran suavidad, y entretanto Nieves y Segundo, riéndose confidencialmente del episodio, tuvieron expeditos los caminos de la conversación.

—¿A qué hora le parece a usted que llegaremos a las Vides?... ¿Es bonito aquello?... ¿Estaremos bien allí?... ¿Cómo le sentará a Victoriano?... ¿Qué vida haremos?... ¿Vendrá gente a vernos?... ¿Hay jardín?...

—Las Vides es un sitio precioso —declaró Segundo—... Un sitio que tiene aspecto de antigüedad, aire así... señorial. Me gusta la piedra de armas, y una parra magnífica, que cubre el patio de entrada, y las camelias y limoneros de la huerta, que tienen porte de medianos castaños y la vista del río, y sobre todo un pinar que habla y hasta canta..., no se ría usted... canta, sí señora, mejor que la mayor parte de los cantantes de oficio. ¿No lo cree usted? Pues ya lo verá.

Nieves miró con gran curiosidad al mancebo, y después fingió mirar a otra parte, acordándose de la rápida y nerviosa presión de mano advertida la víspera, al bajarse del carruaje. Por segunda vez en el espacio de breves horas, aquel muchacho la sorprendía. Nieves llevaba en Madrid una vida sumamente correcta, mesocrática, sin ningún incidente que no fuese vulgar. A misa y a tiendas por la mañana; por la tarde, al Retiro o a visitas; de noche, a casa de sus padres, o al teatro con su marido: por extraordinario, algún baile o cena en casa de los duques de Puenteancha, clientes de don Victoriano. Cuando este obtuvo la cartera, exhibió poco a su mujer. Nieves recogió unos cuantos saludos más en el Retiro, en las tiendas los dependientes se manifestaron más obsequiosos; la duquesa de Puenteancha la hizo recomendaciones llamándola monísima, y a esto se redujeron para Nieves los placeres del ministerio. La venida a Vilamorta, al país pintoresco del cual tanto le había hablado su padre, fue un incidente nuevo en su existencia acompasada. Segundo le parecía un detalle original del viaje. La miraba y hablaba de un modo tan desusado... Bah, aprensiones. Entre aquel chico y ella, nada había de común. Una relación superficial, como doscientas que se encuentra uno a cada paso por ahí... ¿Conque los pinos cantaban, eh? ¡Mal año para Gayarre! Y Nieves se rio afablemente, disimulando sus raros pensamientos, y continuó haciendo preguntas, a que respondía Segundo con expresivas frases. Acercábase la noche. De pronto la cabalgata, dejando el camino real, torció por una senda abierta entre pinares y montes. Al revolver de la vereda, apareció el crucero de piedra oscura, romántico, con sus gradas que convidaban a rezar o a soñar sentimentales desvaríos. Agonde se paró allí, despidiéndose de la comitiva, y Segundo le imitó.

Conforme iba perdiéndose el repiqueteo de los cascabeles de las borriquillas, notó Segundo una inexplicable impresión de soledad y abandono, cual si de él se alejasen para siempre personas muy queridas o que desempeñaban en su vida importantísimo papel. —¡Valiente necio! —se dijo a sí mismo el poeta—. ¿Qué tengo yo que ver con esta gente, ni ella conmigo? Nieves me ha convidado a ir a las Vides a pasar unos días en familia... ¡En familia! Cuando Nieves vuelva a Madrid este invierno, dirá de mí: «Aquel chico del abogado, que conocimos en Vilamorta...». ¿Quién soy yo, qué puesto ocuparía en la casa? Enteramente secundario. ¡El de un muchacho a quien halagan porque su padre dispone de votos...!

Mientras cavilaba Segundo, el boticario se le acercaba, emparejando al fin caballo y mula. La claridad del crepúsculo mostró al poeta la plácida sonrisa de Agonde, sus bermejos carrillos repujados por el bigote lustroso y negro, su expresión de sensual bondad y epicúrea beatitud. ¡Envidiable condición la del boticario! Aquel hombre era feliz en su cómoda y limpia farmacia, con su amistosa tertulia, su gorro y sus zapatillas bordadas, tomando la vida como se toma una copa de estomacal licor, paladeada y digerida en paz y en gracia de Dios y en buena armonía con los demás convidados al banquete de la existencia. ¿Por qué no había de bastarle a Segundo lo que satisfacía a Agonde plenamente? ¿De dónde procedía aquella sed de algo que no era precisamente ni dinero, ni placer, ni triunfos, ni amoríos, y de todo tenía y todo lo abarcaba y con nada había de a placarse quizá?

—Segundo.

—¿Eh? —contestó volviendo la cabeza hacia Agonde.

—Chico ¡vas bien callado! ¿Qué te parece del ministro?

—¿Qué quieres que me parezca?

—¿Y la señora...? Vamos, que a esa la habrás reparado... ¡Lleva medias negras de seda, como los curas! Al tiempo de subirse a la borrica...

—Voy a pegar un escape hasta Vilamorta. ¿Te animas, Saturno?

—¿Escapes en esta mula? ¡Llegaría con las tripas en la boca! Corre tú, si te lo pide el cuerpo.

Cosa de media legua galoparía el jaco, instigado por la vara del jinete. Al aproximarse a la encañada del río, Segundo lo puso otra vez al paso; un paso muy lento. Ya apenas se veía, y el frescor del Avieiro subía más húmedo y pegajoso. Segundo recordó que llevaba dos o tres días sin poner los pies en casa de Leocadia. De seguro que la maestra se consumía, lloraba y le aguardaba a todas horas. Esta idea fue al pronto bálsamo para el espíritu ulcerado de Segundo. ¡Le quería tanto Leocadia! ¡Era tan extraordinaria su alegría, tan vivas sus demostraciones al verle entrar! ¡La conmovían tanto las palabras y los versos del poeta! ¿Y a él, por qué no se le pegaba el entusiasmo? De un amor tan ilimitado y absoluto, Segundo no se había dignado nunca recoger ni la mitad; y de las bellas caricias cantadas por la musa, elegía él para Leocadia las menos líricas, las menos soñadoras; así como del dinero que llevamos en el bolsillo apartamos el oro y la plata, dejando para los pobres importunos la calderilla, el ochavo más roñoso. Segundo regateaba los tesoros de la pasión. Mil veces le sucedía, paseando por el campo, recoger en el sombrero cosecha de violetas, jacintos silvestres, ramas floridas de zarzamora; y al llegar al pueblo, arrojaba al río las flores, por no llevárselas a Leocadia.

VII

Al paso que distribuía la tarea a las niñas, diciendo a una: «Ese dobladillito bien derecho»; y a otra: «El pespunte más igual, la puntada más menuda»; y a esta: «No hay que sonarse al vestido, sino al pañuelo»; y a la de más allá: «No patees, mujer, estate quietecita»; Leocadia volvía de tiempo en tiempo los ojos hacia la plazuela, por si a Segundo le daban ganas de pasar. Ni rastro de Segundo. Las moscas, zumbando, se posaron en el techo para dormir; el calor se aplacó; vino la tarde, y se marcharon las chiquillas. Sintió Leocadia profunda tristeza, y sin cuidarse de arreglar la habitación se fue a su alcoba, y se tendió sobre la cama.

Empujaron suavemente la vidriera, y entró una persona que pisaba muy blandito.

—Mamá —dijo en voz baja. La maestra no contestó.

—Mamá, mamá —repitió con más fuerza el jorobado—. ¡¡Mamá!! —gritó por último.

—¿Eres tú? ¿Qué te se ofrece?

—¿Estás enferma?

—No, hombre.

—Como te acostaste...

—Tengo así un poco de jaqueca... Déjame en paz.

Dio media vuelta Minguitos, y se dirigió hacia la puerta silenciosamente. Al ver la prominencia de su espinazo arqueado, sintió la maestra una punzada en el corazón. ¡Aquel arco le había costado a ella tantas lágrimas en otro tiempo! Se incorporó sobre un codo.

—¡Minguitos!

—¿Mamá?

—No te marches... ¿Qué tal estás hoy? ¿Te duele algo?

—Estoy regular, mamá... Solo me duele el pecho.

—¿A ver... acércate aquí?

Leocadia se sentó en la cama y cogió con ambas manos la cabeza del niño, mirándole a la cara con el mirar hambriento de las madres. Tenía Minguitos la fisonomía prolongada, melancólica; la mandíbula inferior, muy saliente, armonizaba con el carácter de desviación y tortura que se notaba en el resto del cuerpo, semejante a un edificio cuarteado, deshecho por el terremoto; a un árbol torcido por el huracán. No era congénita la joroba de Minguitos: nació delicado, eso sí, y siempre se notó que le pesaba el cráneo y le sostenían mal sus endebles piernecillas... Leocadia iba recordando uno por uno los detalles de la niñez... A los cinco años el chico dio una caída, rodando las escaleras; desde aquel día perdió la viveza toda; andaba poco y no corría nunca; se aficionó a sentarse a lo moro, jugando a las chinas horas enteras. Si se levantaba, las piernas le decían al punto: párate. Cuando estaba en pie sus ademanes eran vacilantes y torpes. Quieto, no notaba dolores, pero los movimientos de torsión le ocasionaban ligeras raquialgias. Andando el tiempo creció la molestia: el niño se quejaba de que tenía como un cinturón o aro de hierro que le apretaba el pecho; entonces la madre, asustada ya, le consultó con un médico de fama, el mejor de Orense. Le recetaron fricciones de yodo, mucho fosfato de cal y baños de mar. Leocadia corrió con él a un puertecillo... A los dos o tres baños, el mal se agravó: el niño no podía doblarse, la columna estaba rígida, y solo en posición horizontal resistía el enfermo los ya agudos dolores. De estar acostado se llagó su epidermis; y una mañana en que Leocadia, llorosa, le suplicaba que se enderezase y trataba de incorporarle suspendiéndole por los sobacos, exhaló un horrible grito.

—¡Me he partido, mamá! ¡Me he partido! —repetía angustiosamente, mientras las manos trémulas de la madre recorrían su cuerpo, buscando la pupa.

¡Era cierto! ¡Habíase levantado el espinazo, formando un ángulo a la altura de los omoplatos; las vértebras reblandecidas se deprimían, y la cifosis, la joroba, la marca indeleble de eterna desventura, afeaba y a aquel pedazo de las entrañas de Leocadia! La maestra había tenido un momento de dolor animal y sublime, el dolor de la fiera que ve mutilado a su cachorro. Había llorado con alaridos, maldiciendo al médico, maldiciéndose a sí propia, mesándose el cabello y arañándose el rostro. Después corrieron las lágrimas, vinieron los besos delirantes, pero calmantes y dulces, y el cariño tomó forma resignada. En nueve años no hizo Leocadia más que cuidar a su jorobadito noche y día, abrigándole con su ternura, distrayendo con ingeniosas invenciones los ocios de su niñez sedentaria. Acudían a la memoria de Leocadia mil detalles. El niño padecía pertinaces disneas, debidas a la presión de las hundidas vértebras sobre los órganos respiratorios, y la madre se levantaba des calza a las altas horas de la noche, para oír si respiraba bien y alzarle las almohadas... Al evocar estos recuerdos sintió Leocadia reblandecérsele el alma y agitarse en el fondo de ella algo como los restos de un gran amor, cenizas tibias de un fuego inmenso, y experimentó la reacción instintiva de la maternidad, el impulso irresistible que hace a las madres ver únicamente en el hijo ya adulto, el niño que lactaron y protegieron, al cual darían su sangre si les faltase leche. Y exhalando un chillido de pasión, pegando su boca febril de enamorada a las pálidas sienes del jorobadito, exclamó lo mismo que en otros días, acudiendo al dialecto como a un arrullo:

—¡Malpocadiño! ¿Quién te quiere?... di, ¿quién te quiere mucho? ¿Quién?

—Tú no me quieres, mamá. Tú no me quieres —articulaba él semi-risueño, reclinando la cabeza con deleite en aquel seno y hombros que cobijaron su triste infancia. La madre, entre tanto, le besaba locamente el pelo, el cuello, los ojos —como recuperando el tiempo perdido—, prodigándole palabras de azúcar con que se emboban los niños de pecho, palabras profanadas en horas de pasión, que ahora volvían al puro cauce maternal.

—Rico... tesoro... rey... mi gloria...

Por fin sintió el jorobado caer una lágrima sobre su cutis. ¡Delicioso refresco! Al principio la gota de llanto, redonda y gruesa, quemaba casi; pero fue esparciéndose, evaporándose, y quedó solo en el lugar que bañaba una grata frescura. Frases vehementes se atropellaban en los labios de la madre y del hijo.

—¿Me quieres mucho, mucho, mucho? ¿Lo mismo que toda la vida?

—Lo mismo, vidiña, tesoro.

—¿Me has de querer siempre?

—Siempre, siempre, rico.

—¿Me has de dar un gusto, mamá? Yo te quería pedir...

—¿Qué?

—Un favor... ¡No me apartes la cara!

El jorobado notó que el cuerpo de su madre se ponía de repente inflexible y rígido, como si le hubiesen introducido un astil de hierro. Dejó de advertir el dulce calor de los párpados humedecidos y el cosquilleo de las mojadas pestañas. Con voz algo metálica preguntó Leocadia a su hijo:

—¿Y qué quieres, vamos a ver?

Minguitos murmuró sin encono, resignado ya:

—Nada, mamá, nada... Si fue de risa.
—Pero entonces, ¿por qué lo decías?
—Por nada. Por nada, a fe.
—No, tú por algo lo decías —insistió la maestra, agarrándose al pretexto para enojarse—. Sino que eres muy disimulado y muy zorro. Todo te lo guardas en el bolsillito, muy guardado. Esas son lecciones de Flores: ¿piensas tú que no me hago de cargo?

Hablando así, rechazó al niño y saltó de la cama. Oyose en el corredor, casi al mismo tiempo, un taconeo firme de persona joven. Leocadia se estremeció, y tartamudeando:

—Anda, anda junto a Flores... —ordenó a Minguitos—. A mí déjame, que no estoy buena, y me aturdes más.

Venía Segundo un tanto encapotado, y después del júbilo de verle, se apoderó de Leocadia el afán de despejar las nubes de su cara. Primero se revistió de paciencia y aguardó. Después, echándole los brazos al cuello, formuló una queja: ¿dónde había estado metido?, ¿cómo había tardado tanto en venir? El poeta desahogó su mal humor: vamos, era cosa insufrible andar en el séquito de un personaje. Y dejándose llevar del gusto de hablar de lo que ocupaba su imaginación, describió a don Victoriano, a los radicales, satirizó la recepción y el hospedaje de Agonde, explicó las esperanzas que fundaba en la protección del ex-ministro, y motivó con ellas la necesidad de hacer a don Victoriano la corte. Leocadia clavó en el rostro de Segundo su mirada canina.

—¿Y qué tal... la señora... y la niña? ¿Dice que son muy guapas?

Segundo entornó los ojos para ver mejor dentro de sí una imagen atractiva, encantadora, y reflexionar que en la existencia de Nieves él no desempeñaba papel alguno, siendo necedad manifiesta pensar en la señora de Comba, que no se acordaba de él. Esta idea, harto natural y sencilla, le sacó de tino. Sintió la punzante nostalgia de lo inaccesible, ese deseo insensato y desenfrenado que infunde a un soñador, en los museos, un retrato de mujer hermosa, muerta hace siglos.

—Pero di... ¿son tan bonitas esas señoras? —continuaba preguntando la maestra.

—La madre, sí... —contestó Segundo, hablando con la sinceridad indiferente del que domina a su auditorio—. Tiene un pelo rubio ceniza, y unos ojos azules, de un azul claro, que recuerdan los versos de Bécquer... —Y empezó a recitar:

> Tu pupila es azul, y cuando ríes
> su claridad suave me recuerda...

Leocadia le escuchaba, al principio, con los ojos bajos; después, con el rostro vuelto hacia otra parte. Así que terminó la poesía, dijo en alterada voz, fingiendo serenidad:

—Te convidarían a ir allá.

—¿A dónde?

—A las Vides, hombre. Dice que quieren tener gente para divertirse.

—Sí, me han convidado, instándome mucho... No iré. Se empeña el tío Clodio en que debo intimar con don Victoriano, para que me dé luego la mano en Madrid y me abra camino... Pero hija, ir a hacer un triste papel, no me gusta. Este traje es el mejor que tengo, y es del año pasado. Si se juega al tresillo, o hay que dar propinas al servicio... Y a mi padre no se le convence de eso... ni lo intentaré, líbreme Dios. De modo que no me verán el pelo en las Vides.

Al informarse de estos planes, el rostro de Leocadia se despejó, y levantándose radiante de satisfacción, la maestra corrió a la cocina. Flores, a la luz de un candil, fregaba platos y tacillas, con airados choques de loza y coléricas fricciones de estropajo.

—Esa máquina del café, ¿la limpiaste?

—Ahora, ahora... —responseó la vieja—. No parece sino que es uno de palo, que no se ha de cansar... que lo ha de hacer por el aire todo...

—Daca, yo la limpiaré... Pon tú más leña, que ese fuego se está apagando y van a salir mal los bistés... —Y diciendo y haciendo, Leocadia frotaba la maquinilla, desobstruía con una aguja de calceta el filtro, ponía a hervir en un puchero nuevo agua fresca, y cebaba la lumbre.

—¡Echa, echa leña! —bufaba Flores—. ¡Como la dan de balde!

No le hizo caso Leocadia, ocupada en cortar ruedecitas finas de patata para los bistés. Preparado ya lo que juzgó necesario, se lavó las manos deprisa y mal en la tinaja del vertedero, llena de agua sucia, irisada con grandes placas de crasitud. Corrió a la sala donde aguardaba Segundo, y no tardó Flores en traerles la cena, que despacharon sobre el velador. Hacia el café, Segundo fue mostrándose algo más comunicativo. Era aquel café el triunfo de Leocadia. Había comprado un juego de porcelana inglesa, un bote de imitación de laca, unas tenacillas de vermeil, dos cucharillas de plata, y servía siempre con el café una licorera surtida de cumen, ron y anisete. Gozaba viendo a Segundo servirse dos tazas seguidas de café y paladear los licores. A la tercer copa de cumen, viendo al poeta afable y propicio, Leocadia le pasó el brazo alrededor del cuello. Retrocedió él bruscamente, notando con viva repulsión el olor a guisos y a perejil que impregnaba las ropas de la maestra.

Sucedía esto al punto mismo en que Minguitos dejaba caer al suelo los zapatos, y suspiraba, cubriéndose con la colcha.

Flores, sentada en una sillita baja, empezaba a rezar el rosario. Necesitaba el enfermo, para dormirse, el maquinal arrullo de la voz cascajosa que le traía de la mano el sueño, desde que le faltaba a la hora de acostarse la compañía de su mamá. Las Ave marías y *Gloria Patris*, mascullados mejor que pronunciados, iban poco a poco embotándole el pensamiento, y al llegar a la letanía entrábale el sopor, y, medio traspuesto, a duras penas contestaba a las atroces barbaridades de la vieja:

—*Juana celi... Ora pro nobis... Sal-es-enfirmórun... nobis... Refajos-pecadórun... bis... Consólate flitórun... sss...*

El niño respondía tan solo con la respiración que pasaba desigual, intranquila, fatigosa, por entre sus dormidos labios... Flores apagaba despacito el velón de cuerda, descalzábase para no hacer ruido, y se retiraba pasito a pasito, apoyándose en la pared del comedor. Desde que Minguitos descansaba, no se oían estrépitos de loza en la cocina.

VIII

Hasta muy tarde no sopló el Cisne la palmatoria de latón donde la económica tía Gaspara le colocaba, siempre a regañadientes, una vela de sebo. Sentado a la exigua mesa, entre los revueltos libros, tenía delante un pliego de papel, medio cubierto ya de renglones desiguales, jaspeado de borrones y tachaduras, con montículos de arenilla y algún garrapato a trechos. Segundo no pegaría los ojos en toda la noche si no escribiese la poesía que desde el crucero le correteaba por la cabeza adelante. Solo que, antes de coger la pluma, parecíale llevar la inspiración allí, perfecta y cabal, de suerte que con dar vuelta a la espita, brotaría a chorros: y así que oprimieron sus dedos la pluma dichosa, los versos, en vez de salir con ímpetu, se escondían, se evaporaban. Algunas estrofas caían sobre el papel redondas, fáciles, rematadas por consonantes armoniosos y oportunos, con cierta sonoridad y dulzura muy deleitable para el mismo autor, que temeroso de perderlas, escribíalas al vuelo, en letra desigual; mas de otras se le ocurrían únicamente los dos primeros renglones y acaso el foral, rotundo, de gran efecto, y faltaba la rima tercera, era indispensable cazarla, llenar aquel hueco, injerir el ripio. Deteníase el poeta, mirando al techo y buscando con los dientes un cabo del bigote para morderlo, y entonces la ociosa pluma trazaba, obedeciendo a automáticos impulsos de la mano, un sombrero tricornio, un cometa, o cualquier mamarracho por el estilo... Borradas a veces siete u ocho rimas, se resignaba al fin con la novena, ni mejor ni peor que las anteriores. Acontecía también que una sílaba inoportuna estropeaba un verso, y échese usted a buscar otro adverbio, otro adjetivo, porque si no... ¿Y los acentos? Si el poeta gozase del privilegio de decir, verbi gracia, mi córazon en vez de mi corazón, ¡sería tan cómodo rimar!

¡Malditas dificultades técnicas! El estro alentaba y ardía, a modo de fuego sagrado, en la mente de Segundo; pero en tratándose de que apareciese allí, patente, sobre las hojas de papel... Que apareciese expresando cuanto sentía el poeta, condensando un mundo de sueños, una nebulosa psíquica... ¡Ahí es nada! Obtener la difícil conjunción de la forma y la idea, prender el sentimiento con los eslabones de oro del ritmo! ¡Ah, qué cadena tan leve y florida en apariencia y tan dura de forjar en realidad! ¡Cómo engaña la ingenua soltura, la fácil armonía del maestro! ¡Qué hacedero parece decir cosas sencillas, íntimas, narrar quimeras de la fantasía y del corazón en metro suelto y desceñido, y cuán imposible es, sin embargo, para quien no se llama Bécquer, prestar al verso esas alitas palpitantes, diáfanas y azules con que vuela la mariposa becqueriana!

Mientras el Cisne borra y enmienda, Leocadia se desnuda en su alcoba. Solía entrar en ella otras noches con la sonrisa en los labios, el rostro encendido, los ojos húmedos, entornados, las ojeras hundidas, el pelo revuelto... Y esas noches tardaba en acostarse, se entretenía en arreglar objetos sobre la cómoda, y hasta se miraba al espejo de su vulgar tocador. Hoy tenía los labios secos, las mejillas pálidas; acercose a la cama, se desabrochó, dejó caer la ropa, apagó el quinqué y sepultó la cara en la frescura de las gruesas sábanas de lienzo. No quería pensar; quería olvidar y dormir solamente. Trató de estarse quieta. Mil agujas le punzaban el cuerpo: dio una vuelta buscando el sitio frío, luego otra, luego echó abajo las sábanas... Sentía inquietud horrible, gran amargor en la boca. En medio del silencio nocturno, oía los latidos desordenados del corazón; si se recostaba del lado izquierdo, el ruido la ensordecía casi. Intentó fijar el pensamiento en cosas indiferentes, y se repitió a sí misma mil veces, con monótona regularidad e insistencia: —Mañana es domingo... las niñas no vendrán—. Ni por esas se contuvo el bullir del cerebro y el ardor malsano de la sangre... ¡Leocadia tenía celos!

¡Dolor sin medida y sin nombre que exprese su crueldad! Hasta entonces la pobre maestra había ignorado el contrapeso del amor, los negros celos, con su aguijón que se clava en el alma, su abrasadora sed que quema las fauces, su frío polar que hiela el corazón, su congoja impaciente que crispa los nervios... Segundo apenas se fijaba en las muchachas de Vilamorta; en cuanto a las paisanas, no existían para él, ni por mujeres las tenía; de suerte que las horas de frialdad del Cisne achacábalas Leocadia a malos oficios de la musa... ¡Pero ahora! Recordaba la poesía A los ojos azules y el modo de recitarla. ¡Veneno eran aquellas estrofas de miel: sí, veneno y acíbar! Leocadia sintió acudir llanto a sus lagrimales y las lágrimas saltaron entre sollozos convulsivos, que sacudían el cuerpo y hacían crujir las maderas de la cama y susurrar la hoja de maíz del jergón. Ni por esas suspendió su actividad el caviloso cerebro. Indudablemente Segundo estaba enamorado de la señora de Comba; pero ella era una mujer casada... ¡Bah! En Madrid y en las novelas todas las señoras tienen amantes... Y además, ¿quién resistiría a Segundo, a un poeta émulo de Bécquer, joven, guapo, apasionado cuando se le antojaba serlo?

¿Qué podía Leocadia contra esta gran catástrofe? ¿No valía más resignarse? ¡Ah!, resignarse. ¡Pronto se dice! No, no: luchar y vencer por cualquier medio. ¿Por qué le negaba Dios la facultad de expresar sus sentimientos? ¿Por qué no se había puesto de rodillas delante de Segundo pidiéndole un poco de amor, pintándole y comunicándole la llama que la consumía a ella el tuétano de los huesos? ¿Por qué quedarse muda cuando tantas cosas podía decir? Segundo no iría a las Vides. Mejor. Carecía de dinero. Magnífico. No conseguiría destino alguno, ni se movería de Vilamorta. Mejor, mejor, mejor... ¿Y qué, si al fin Segundo no la amaba; si se desviaba de ella con un ademán que Leocadia estaba viendo todavía a oscuras, o mejor dicho, a la extraña luz de la pasión celosa?

¡Qué calor, qué desasosiego! Leocadia se arrojó de la cama, dejándose caer al suelo, donde le parecía encontrar una frescura consoladora. En vez de alivio notó un temblor, y en la garganta un obstáculo, a modo de pera de ahogo atravesada allí, que no le permitía respirar. Quiso alzarse y no pudo: la convulsión empezaba y Leocadia contenía los gritos, los sollozos, las cabezadas, por no despertar a Flores. Algún tiempo lo consiguió, mas al fin venció la crisis nerviosa, retorciendo sin piedad los rígidos miembros, obligando a las uñas a desgarrar la garganta, al cuerpo a revolcarse, y a las sienes a batirse contra el piso... Vino después, precedido de fríos sudores, un instante en que Leocadia perdió el conocimiento. Al recobrarlo se halló tranquila, aunque molidísima. Levantose, subió a la cama de nuevo, se arropó, y quedó anonadada, sin cerebro, sumida en reparador marasmo. El grato sueño del amanecer la envolvió completamente.

Despertose bastante tarde, no saciada de descanso, rendida y como atontada. Apenas acertaba a vestirse; parecíale que desde la noche anterior había transcurrido un año por lo menos; y en cuanto a su celosa cólera, a sus proyectos de lucha... Pero ¿cómo pudo ella pensar en cosas semejantes? Que Segundo fuese feliz, eso tan solo importaba y convenía; que realizase sus altos destinos, su gloria... Lo demás era un delirio, una convulsión, una crisis pasajera, sufrida en horas que el alma amante no quiere solitarias.

Abrió la maestra la cómoda donde guardaba sus ahorros y el dinero para el gasto. No lejos de un montón de medias palpó un bolsillo, ya muy lacio y escueto. En él se contenían poco ha unos miles de reales, todo su peculio en metálico. Quedaban sobre treinta duros descabalados, y para eso debía un corte de merino negro a Cansín, licores al confitero y encargos a unas amigas de Orense. Y hasta noviembre no vencían sus rentitas. ¡Brillante situación!

Tras un minuto de angustia, causada por la pugna entre sus principios económicos y su resolución, Leocadia se lavó, se alisó el pelo, se echó el vestido y el manto de seda, y salió. Por ser día de misa recorría mucha gente la calle, y el rajado esquilón de la capilla repicaba sin cesar. En la plaza, animación y bullicio. A la puerta de la botica de doña Eufrasia, tres o cuatro cabalgaduras clericales sufrían mal las impertinencias de las moscas y tábanos, volviendo a cada paso la cabeza con desapacible estrépito de ferraje, y mosqueándose los ijares con la hirsuta cola. Tampoco las fruteras, entre regateos y risas, descuidaban espantar los porfiados insectos, posados en el lugar donde la grieteada piel de las claudias y tomates descubría la melosa pulpa o la carne roja. Mas el verdadero cónclave mosquil era la dulcería de Ramón. Daba fatiga y náusea ver a aquellos bichos zumbar, tropezarse en la cálida atmósfera, prenderse las patas en el caramelo de las yemas, hacer después esfuerzos penosos para libertarse del dulce cautiverio. Sobre una tarta de bizcocho, merengue y crema, que honraba el centro del escaparate, se arremolinaba un enjambre de moscas: ya no se tomaba Ramón el trabajo de defenderla, y el ejército invasor la saqueaba a todo su talante: a orillas de la fuente yacían las moscas muertas en la demanda: unas desecadas y encogidas, otras muy espatarradas, sacando un abdomen blanquecino y cadavérico...

Leocadia pasó a la trastienda. Estaba Ramón en mangas de camisa, arremangado, luciendo su valiente musculatura y meneando un cazo para enfriar la pasta de azucarillo que contenía; después la fue cortando con un cuchillo candente, y el azúcar chilló al tostarse, despidiendo olor confortativo. El dulcero se pasó el dorso de la mano por la frente sudorosa.

—¿Qué quería, Leocadia? ¿Anisete de Brizar, eh? Pues se acabó. Tú, Rosa, ¿verdad que se acabó el anisete?

Vio Leocadia, en el rincón de la trastienda-cocina, a la mujer del dulcero, dando papilla a un mamón endeble. La confitera clavó en la maestra su mirada sombría de mujer histérica y celosa, y exclamó con dureza:

—Si viene por más anisete, acuérdese de las tres botellas que tiene sin pagar.

—Ahora mismo las pago —respondió la maestra, sacando del bolsillo un puñado de duros.

—No, mujer, calle por Dios... ¿qué prisa corre? —murmuró avergonzado el dulcero.

—Cobre, Ramón, ande ya... Si justamente vengo a eso, hombre.

—Si se empeña... Maldito el apuro que tenía.

Marchose Leocadia corriendo. ¡No acordarse de la confitera! ¿Quién le pedía nada a Ramón delante de aquella tigre celosa, que chiquita y débil como era, acostumbraba solfear al hercúleo marido? A ver si Cansín...

El pañero vendía, rodeado de paisanas, una de las cuales se empeñaba en que una lanilla era algodón, y la restregaba para probarlo. Cansín, por su parte, la frotaba con fines diametralmente opuestos.

—Mujer, que ha de ser algodón, que ha de ser algodón —repetía con su agria vocecilla, acercando, pegando la tela a la cara de la compradora. Parecía tan amostazado Cansín, que

Leocadia no se atrevió a llamarle. Pasó de largo y aceleró el andar. Pensaba en su otro pretendiente, el tabernero... Mas de pronto recordó con repugnancia sus gruesos labios, sus carrillos que chorreaban sangre... Y dando vueltas a cuantos expedientes podían sacarla del conflicto, le ocurrió una idea. La rechazó, la pesó, la admitió... A paso de carga se dirigió al domicilio del abogado García.

Al primer aldabonazo abrió la tía Gaspara. ¡Qué significativo fruncimiento de cejas y labios! ¡Qué repliegue general de arrugas! Leocadia, cortada y muerta de vergüenza, se mantenía en el umbral. La vieja, parecida a un vigilante perro, interceptaba la puerta, próxima a ladrar o morder al menor peligro.

—¿Qué quería? —gruñó.

—Hablar con don Justo. ¿Se puede? —interrogó humildemente la maestra.

—No sé... veremos...

Y el vestiglo, sin más ceremonias, dio a Leocadia con la puerta en las narices. Leocadia aguardó. Al cabo de diez minutos un bronco acento le decía:

—Venga.

El corazón de la maestra bailó como si tuviese azogue. ¡Atravesar la casa en que había nacido Segundo! Era lóbrega y destartalada, fría y desnuda, según son las moradas de los avarientos, donde los muebles no se renuevan jamás y se apuran hasta la suma vetustez. Al cruzar un corredor vio Leocadia al través de una entornada puertecilla alguna ropa de Segundo, colgada de una percha, y la reconoció, no sin cosquilleo en el alma. Al final del corredor tenía su despacho el abogado; pieza mugrienta, sobada, atestada de papelotes y libros tediosos y polvorientos por dentro y fuera. La tía Gaspara se zafó, mientras el abogado recibía a la maestra de pie, en desconfiada y hostil actitud, preguntando con el severo tono de un juez:

—¿Y qué se le ocurre a usted, señora doña Leocadia?

Fórmula exterior relacionada con otra interior:

—¡A que la bribona de la maestra viene a decirme que se casa con el loco del rapaz y que los mantenga yo!

Leocadia fijó sus ojos abatidos en García, buscando en sus facciones secas y curtidas los rasgos de un amado semblante. Sí que se parecía a Segundo, salvo la expresión, muy diferente, cauta y recelosa en el padre, cuanto era soñadora y concentrada en el hijo.

—Señor don Justo... —balbució la maestra—. Yo siento molestarle... Le suplico no extrañe este paso... porque me aseguraron que usted... señor, yo necesito un préstamo...

—¡Dinero! —rugió el abogado apretando los puños—. ¡Me pide usted dinero!

—Sí, señor, sobre unos bienes...

—¡Ah! (transición en el abogado, que todo se aflojó y flexibilizó). Pero ¡qué tonto soy! Entre usted, entre usted, doña Leocadia, y tome asiento... ¿Eh? ¿Está usted bien? Pues... cualquiera tiene un apuro... ¿Y qué bienes son? Hablando se entienden las gentes, mi señora... ¿Por casualidad la viña de la Junqueira y la otra pequeñita del Adro...? Estos años dan poco...

Debatieron el punto y se firmó la obliga o pagaré. La tía Gaspara, inquieta, con paso de fantasma, rondaba por el corredor. Cuando salió su hermano y le dio algunas órdenes, se hizo varias cruces en la cara y pecho, muy de prisa. Bajó furtivamente a la bodega y tardó algo en subir y en vaciar sobre la mesa del abogado su delantal, de donde cayeron, envueltos en polvo y telarañas, cuatro objetos que rebotaron produciendo el sonido especial del dinero metálico. Los objetos eran una hucha de barro, un calcetín, una bota o gato y un saquete de lienzo.

Aquella tarde le dijo a Segundo Leocadia:

—¿Sabes una cosa, corazón? Que es lástima que por un traje o por cualquier menudencia así pierdas de colocarte y de conseguir lo que pretendes... Mira, yo tengo ahí unos cuartos que... no me hacen mucha falta. ¿Los quieres, eh? Yo te los daba ahora y tú después me los volvías.

Segundo se irguió con arranque sincero de pundonor y dignidad:

—No vuelvas a proponerme cosas por ese estilo. Admito tus finezas a veces por no verte llorar a lágrima viva. Pero eso de que me vistas y sostengas... Mujer, no tanto.

La maestra insistió amorosamente media hora más tarde, aprovechando la ocasión de encontrarse el Cisne algo pensativo. Entre él y ella no cabía mío ni tuyo. ¿Por qué reparaba en aceptar lo que le daban con tan gran placer? Acaso dependía su porvenir de aquellos cuartos miserables. Con ellos podría presentarse decentemente en las Vides, imprimir sus versos, ir a Madrid. ¡Ella sería tan dichosa viéndole triunfar, eclipsar a Campoamor, a Núñez de Arce, a todos! ¿Y quién le privaba a Segundo de restituir, hasta con creces, el dinero?... Charlando así, echaba Leocadia en un pañuelo, anudado por las cuatro puntas, onzas y doblillas y centenes a granel, y lo entregaba al poeta, preguntándole con voz velada por el llanto:

—¿Me desairas?

Segundo cogió con ambas manos la basta y gruesa cabeza de la maestra, y clavando sus ojos en las pupilas que le miraban húmedas de felicidad inexplicable, pronunció:

—Leocadia... ¡Ya sé que tú eres la persona que más me ha querido en el mundo!

—Segundiño, vida... —tartamudeaba ella fuera de sí—. No vale nada, mi rey... Conforme te doy esto... así Dios me salve... ¡te daría sangre de las venas!

¿Y quién le diría a la tía Gaspara que varias onzas del calcetín, de la hucha, de la bota y del saco, volverían inmediatamente, a fuer de bien enseñadas y leales, a dormir, si no bajo las vigas de la bodega, al menos bajo el techo de don Justo?

IX

La parra de las Vides, que tanto gusta a don Victoriano Andrés de la Comba, es de esas uvas gruesas conocidas en el país por náparo o Jaén, uvas teñidas con los matices rojo claro y verde pálido, que dominan en los racimos de los bodegones flamencos. Cuelgan sus piñas en corimbo largo, con disimetría graciosa, rompiendo el tupido follaje. Derrama la parra sombra fresquísima, y contribuye a hacer apacible el lugar el hilo de agua que cae en tosca pila de piedra, bañando las legumbres puestas a remojo.

Tiene la maciza casa aspecto de fortaleza: flanquean el cuerpo central dos torres cuadrangulares, con achaparrado techo y hondas ventanas: en mitad del edificio, sobre un largo balcón de hierro, se destaca el gran escudo de armas con el blasón de los Méndez, cinco hojas de vid y una cabeza de lobo cortada y goteando sangre. Desde este balcón se domina la vertiente de la montaña y el curso del río; al costado de la torre hay una solana de madera que avanza sobre el huerto, y gracias a la exposición al Mediodía, florecen claveles de a onza en ollas viejas llenas de resquebrajado terrón, y de cajoncillos de madera se desbordan rechonchas albahacas, plumas de Santa Teresa, cactos, asclepias y malvas: una flora requemada, crasa, árabe, de embriagadores perfumes. Por dentro, la casa se reduce a una serie de salones dados de cal, con las vigas al descubierto, y casi sin muebles, excepto el central, llamado del balcón, alhajado con sillas de paja y respaldo de madera figurando una lira, época del imperio. Un espejo ya casi desazogado luce sobre el sofá su gran marco de ébano, con alegorías de dorado latón, que representan a Febo guiando su carricoche. El orgullo de las Vides no son los salones, sino la bodega, la inmensa candiotera oscura y sorda y fresca como una nave de catedral, con sus magnas cubas alineadas a ambos lados. Esta pieza sin rival en el Borde es la que enseña más ufano el señor de las Vides, y también su dormitorio, que ofrece la singularidad de ser inexpugnable, por hallarse practicado en el grueso de la pared y no tener entrada sino por un pasadizo donde no cabe un hombre de frente.

No realizó nunca Méndez de las Vides el tipo clásico del mayorazgo ignorante, que firma con una cruz, tipo tan común en aquel país de tierra adentro. Méndez, al contrario, alardeaba de instruido y culto. Escribía con letra correcta, junta y menuda, de viejo obstinado; leía bien, calándose las gafas, alejando el periódico o el libro, recalcando las palabras, con reposada voz. Solo que se había estacionado su cultura en una época: la Enciclopedia, que su padre ya conoció tarde, y que a él llegó con un siglo de retraso. Leyó a Holbach, a Rousseau, a Voltaire y los catorce tomos de Feijóo. Quedó adscrito y sellado hasta en lo físico. En religión se hizo deísta, sin dejar de ir a misa y comer de pescado en Semana Santa; en política tomó vahos de regalismo. Sin embargo, desde la venida de don Victoriano, algún movimiento se produjo en las ya estratificadas ideas del hidalgo de las Vides. Gustole aquello de la autonomía inglesa, la libertad individual, unida con el respeto a la tradición y la influencia civilizadora de las clases aristocráticas: serie de importaciones sajonas más o menos felices, pero a las cuales debía don Victoriano su fortuna política. Discantando estas profundidades de ciencia social, pasábanse tío y sobrino largas horas, durante las cuales Nieves hacía labor, prestando oído por si en las piedras del sendero resonaba el trote de algún caballo; una visita, una distracción en su ociosa existencia.

Segundo, para bajar a las Vides, pidió el jaco endiablado, el del alguacil. Desde el crucero, el camino se hacía clivoso y difícil. Lo interceptaban a trechos peñas muy lisas y resbaladizas, y el jinete se colgaba de las riendas, porque las herraduras se deslizaban arrancando chispas, y el animal, arrastrado por su peso, podía caerse. El terreno, calcinado por el Sol, era quebradísimo; las casas, más que sentadas en firmes cimientos, parecían colgadas de las laderas, próximas a desprenderse y rodar al río, y el indispensable tiesto de claveles reventones, asomando y saliéndose casi por los balconcillos de madera, recordaba la flor que al desgaire se coloca en el pelo una gitana. A veces Segundo cruzaba un pinar; respiraba el olor balsámico de la resina, y pisaba una alfombra de hojas secas que asordaba el golpe del casco de su montura; de repente, entre dos vallados, aparecía un angosto sendero, orillado de zarzamora, digital y madreselva, y a menudo experimentaba Segundo la impresión de bienestar que causan a las horas del Sol los toldos vegetales, y trotaba al amparo de un túnel de verdura, un emparrado alto sostenido en postes de piedra, viendo sobre su cabeza los racimos que ya negreaban y escuchando el alborotado pitío de los gorriones y el silbo estridente de los mirlos. Por las murallas tapizadas de musgo correteaban los lagartos. Cuando se encontraban dos o tres veredillas, Segundo refrenaba el caballo buscando la dirección de las Vides y preguntando a las mujeres que subían trabajosamente, arrastrando el cuerpo, cargadas con un coloño de leña de pino, o a los chiquillos que retozaban a la puerta de las casas.

Allá abajo, muy profundo, corría el Avieiro, y visto desde la altura podía compararse a la hoja de acero que, blandida, culebrea y refulge. Enfrente la montaña, donde se escalonaban, a manera de gradas de colosal anfiteatro, hileras de paredones de sostenimiento para las viñas, construidos con piedra blancuzca; y las listas claras sobre el fondo verde hacían bizarra combinación, destacándose en ella el rojo tejado de algún palomar o casa solariega, y en la cima del monte el verdor más sombrío de los pinares. Ya veía Segundo a sus pies las tejas de las Vides. Descendió una cuesta más vertical que horizontal, y se halló delante del portalón.

Bajo la cepa estaban Victorina y Nieves. Entreteníase la niña en saltar a la cuerda, y lo hacía con notable agilidad, a pies juntillas, sin moverse de un sitio, volteando la cuerda tan rápidamente, que fingía una especie de niebla en derredor de la elegante academia de la saltarina. Como los claros de la parra dejaban pasar grandes manchones de Sol, a lo mejor se inundaba de luz el cuerpo de la chiquilla, y radiaba su mata de pelo, sus brazos o sus piernas desnudas, pues solo tenía una blusa azul marino, corta y sin mangas. Al divisar a Segundo dio un grito, soltó la cuerda y desapareció. En cambio Nieves, levantándose del banco donde trabajaba, con la sonrisa en los labios y algo encendida de sorpresa, tendió la mano al recién venido, que se apeó prestamente del caballo.

—¿Y el señor don Victoriano? ¿Cómo sigue?

—¡Ah! Por allí andaba, regular de salud; pero muy divertido con las faenas agrícolas, muy satisfecho... —Y al decir esto, tenía el rostro de Nieves la expresión distraída con que hablamos de cosas que nos interesan poco. Segundo observó que la señora del ministro reparaba en su atavío flamante, recién llegado de Orense; y por algún rato le mortificó la duda de si lo encontraría pretencioso o ridículo, hasta el extremo de sentir no haber traído la ropa de todos los días.

—Ha asustado usted a Victorina —añadió Nieves riendo...—. ¿Dónde se habrá metido esa boba? De fijo que solo se escondió porque estaba de blusa... Usted la trata como a una mujer y ella se pone insoportable. Venga usted...

Remangose Nieves la bata de cretona blanca salpicada de capullos de rosa, y penetró intrépidamente en la cocina, que estaba al nivel del patio. En pos de los taconcitos Luis XV, que encubría el encaje bretón de la enagua, recorrió Segundo varias piezas: cocina, comedor, sala del rosario, llamada así por que en ella lo rezaba con los criados Primo Genday, y por último, sala del balcón. Allí se detuvo Nieves, exclamando:

—Los llamaré por si están en la viña.

Y asomándose gritó:

—¡Tío! ¡Victoriano! ¡Tío!

Dos voces respondieron:

—¿Qué?... Allá vamos.

No hallando cosa oportuna que decir, Segundo callaba. Tranquila ya la conciencia con haber llamado a las personas formales, Nieves se volvió y dijo con la afabilidad de un ama de casa que conoce su obligación:

—¡Pero qué amable, qué amable ha sido usted! Hasta las vendimias no contábamos con que se animase a venir... Y ahora, que se acercan las fiestas... Tanto que pensaba ver a usted antes en Vilamorta, porque Victoriano se empeña en tomar las aguas quince días...

Al hablar, se respaldaba en la pared, y Segundo se azotaba con el latiguillo la punta de las botas. Del huerto subió la voz de Méndez.

—Nieves, Nieves... Que bajes, si te es igual.

—Con permiso de usted... Voy por una sombrilla.

Tardó poco en volver, y Segundo la ofreció el brazo. Bajaron al huerto por la solana, y entre los saludos de ordenanza, Méndez protestó contra la idea de que Segundo se volviese la misma tarde a Vilamorta.

—¡Hombre! ¡No faltaba más! ¡Coger calor dos veces en un día!

Y el señor de las Vides, aprovechando la coyuntura que jamás desperdicia un propietario rural, se apoderó del poeta, consagrándose a enseñar le al pormenor la finca. Explicábale al mismo tiempo sus empresas vitícolas. Había sido de los primeros a azufrar con fortuna, y empleaba abonos nuevos que acaso resolviesen el problema del cultivo. Hacía ensayos tratando de imitar con el vino común del Borde el Burdeos de pasto; de prestarle, con polvos de raíz de lirio, el bouquet, la fragancia de los caldos franceses. Pero le salía al paso la rutina, el fanatismo, según decía confidencialmente bajando la voz y poniendo una mano en el hombro de Segundo. Los demás cosecheros del país le acusaban de olvidar las sanas tradiciones; de adulterar y componer el vino. ¡Como si ellos no lo compusiesen! Solo que ellos lo hacían sirviéndose de drogas ordinarias, verbigracia, campeche y yerba mora. Él se contentaba con aplicar los métodos racionales, los descubrimientos científicos, los adelantos de la química moderna, proscribiendo el absurdo empleo de la pez en las corambres, pues si bien la gente del Borde alababa el dejo a pez en el vino, diciendo que la pez hacía beber otra vez, a los exportadores les repugnaba, con razón, aquel pegote. En fin, si Segundo quería ver las bodegas y los lagares...

No hubo remedio. Nieves se quedó a la puerta, temerosa de mancharse la bata. Así que salieron, se trató de registrar el huerto en detalle. Era también el huerto una serie de paredones en gradería, sosteniendo estrechas fajas de tierra, y esta disposición del terreno daba a la vegetación exuberancia casi tropical. Camelios, pavíos y limoneros crecían libres, irregulares e indómitos, cargados de hoja, de fruta o de flores. Abejas y mariposas revoloteaban y bullían, libando, fecundándose, locas de contento y ebrias de Sol. De paredón a paredón se bajaba por unas escalerillas difíciles. Segundo dio el brazo a Nieves y en la última grada se detuvieron para contemplar el río que corría allá muy abajo.

—Mire usted hacia allí —dijo Segundo, señalando a su izquierda una colina algo distante—. Allí está el pinar... ¿A que no se acuerda usted?

—Sí me acuerdo —respondió Nieves, guiñando, a causa del Sol, sus azules ojos—. El pinar que canta... ¡Mire usted cómo me acuerdo! Y diga usted, ¿sabe usted si hoy cantará? Porque de buena gana le oiría esta tarde.

—Si se levanta un poco de brisa... Con la calma que reina, los pinos se estarán casi quietos y casi mudos. Y digo casi, porque del todo no lo están nunca. Basta el roce de sus copas para que vibren de un modo especial y tengan un susurro...

—¿Y eso —preguntó Nieves en tono jocoso—, no sucede más que en el pinar de aquí, o es igual en todos?

—¿Quién sabe? —respondió Segundo mirándola fijamente—. Acaso el único pinar que cante para mí será el de las Vides.

Nieves bajó la vista, y después echó una ojeada en derredor, como buscando a don Victoriano y Méndez, que estaban un escalón más arriba. Notó Segundo el movimiento, y con imperiosa descortesía dijo a Nieves:

—Subamos.

Reuniose a Méndez, y ya no se despegó de su lado hasta que pasaron al comedor, donde les aguardaban Genday y Tropiezo. La última a llegar fue la niña, muy púdica ya, con medias largas y traje de blanco piqué.

La mesa en que comían no estaba en el centro, sino en un costado del comedor; era cuadrilonga, y los convidados, en vez de sillas, tenían para sentarse dos bancos fronterizos, de ennegrecido roble. Los extremos de la mesa quedaban libres para el servicio. Sobrio por instinto, Segundo reparó con sorpresa la inverosímil cantidad de alimentos que consumía don Victoriano, no sin advertir también que su rostro estaba más demacrado que nunca. A veces, el hombre político se detenía, porque un remordimiento le asaltaba.

—Estoy devorando.

Protestaba el anfitrión, y Tropiezo y Genday, por turno, exponían doctrinas latas y consoladoras. La naturaleza es muy sabia, decía el señor de las Vides, que no olvidaba a Rousseau, y el que la obedece no puede errar. Primo Genday, glotón como todos los pletóricos, añadía con cierta teológica unción: para que el alma esté dispuesta a servir a Dios, hay que atender primero a las justas exigencias del cuerpo. Tropiezo, por su parte, sacaba el labio inferior, negando la existencia de ciertas enfermedades novísimas. Toda la vida hubo personas que padeciesen de la orina y jamás se les privó el comer y beber, al contrario. Por lo mismo que la enfermedad desgasta, hay que nutrirse. Fácilmente se dejaba persuadir don Victoriano. Aquellos manjares de otros tiempos, aquellas anticuadas vinagreras milagrosas de donde por un tubo salía el aceite y el vinagre por otro sin confundirse jamás, aquel inmenso mollete colocado a guisa de centro de mesa, eran otros tantos arcaísmos encantadores para él, que le recordaban horas felices, años límbicos de la existencia. A los postres, cuando Primo Genday, sofocado aún por una discusión política en que calificó de incircuncisos a los liberales, se puso de repente muy grave y empezó a rezar el Padre nuestro, el ministro, racionalista añejo ya, sorprendiose de la devoción con que sus labios murmuraron: El pan nuestro de cada día... ¡Caramba, estas cosas de cuando era uno joven!... Don Victoriano revivía al contacto de sus desvanecidas mocedades. Hasta se le venían a las mientes recuerdos de noviazgos efímeros, de amorcillos de quince días con señoritas del Borde, que a la hora presente debían ser apergaminadas solteronas o respetables madres de familia. ¡Valiente necedad!... El ex-ministro rechazó la servilleta y se levantó.

—¿Usted duerme la siesta? —preguntó a Segundo.

—No, señor.

—Yo tampoco. Venga usted y fumaremos un cigarro.

X

Sentáronse en la sala, cerca del balcón, en dos mecedoras traídas de Orense. Del huerto y de las viñas subía una tranquilidad perezosa, un silencio tan absoluto, que podía oír se el choque mate de las pavías maduras al desprenderse de la rama y dar en la tierra seca. Olores a fruta y a miel entraban por el balcón entreabierto. Por la casa no rebullía nadie.

—¿Una breva de recibo?

—Mil gracias...

Restalló el fósforo, y Segundo se meció imitando a don Victoriano. El cadencioso balanceo de las mecedoras, la soñolienta paz del sitio, todo convidaba a importante y confidencial diálogo.

—¿Y usted qué se hace, vamos a ver, por Vilamorta? Es usted abogado, ¿no es eso? Tengo idea de que se propone usted su ceder a su padre, una persona tan inteligente...

Segundo vio propicio el momento. La voluta de humo del cigarro le velaba los ojos con suave niebla, predisponiéndole a la expansión y desterrando su reserva habitual.

—Me horripila el pensamiento de empezar ahora la vida que mi padre está terminando —contestó a la pregunta del ex-ministro—. Esa lucha mezquina para ganar un poco de dinero más o menos; esas intrigas de lugar, esos manejos miserables, ese expedienteo, todo eso, señor don Victoriano, no se hizo para mí. No es que no pueda ejercer: he sido un regular estudiante, porque mi buena memoria me salvó siempre en los exámenes. ¿Pero de qué sirve esa carrera? De base nada más. Es un pasaporte, es una papeleta de entrada en cualquier oficina.

—Hombre... pch... —y don Victoriano sacudió la ceniza del puro—; eso es verdad, muy verdad. Lo que se estudia en las aulas, apenas se utiliza después. Yo, si no es por la pasantía en casa de don Juan Antonio Prado, que me hizo aplicar los codos y aprender cuántas púas tiene un peine, no me luciría mucho con mi ciencia compostelana. Amigo, lo que le forma a uno y le desasna, es esa pasantía terrible y ese aprieto en que se ve un muchacho cuando le ponen delante un rimero así de papeles y le dice un señor muy orondo: «Estúdieme usted eso hoy, y téngame mañana formulado dictamen». ¡Allí es lo bueno, el sudar, el roerse las uñas! Allí no vale pereza ni ignorancia. La cosa tiene que hacerse, y como no ha de ser por arte de encantamiento...

—Ni aun en Madrid y en gran escala me atrae a mí el foro... Tengo mis aspiraciones.

—Sepamos.

Vaciló Segundo, con el sentimiento de pudor del que narra un sueño o visión amorosa. Miró dos o tres veces al vagaroso humo azul, y por fin la media oscuridad de la sala, discreta como un confesionario, disipó sus recelos.

—Quiero seguir la carrera de las letras.

El hombre político paró de mecerse y de fumar.

—¡Pero hijo, si las letras no son carrera! ¡Si no hay tal cosa! Vamos claros: ¿ha salido usted alguna vez de Vilamorta... digo, de Santiago y de estos pueblos así?

—No, señor.

—¡Entonces comprendo esas ilusiones y esas niñadas! Por aquí todavía creen que un escritor o un poeta, en el mero hecho de serlo, puede aspirar a... ¿Y usted qué escribe?

—Versos.

—¿Prosa no?

—Algún artículo o suelto... Casi nada.

—¡Bravo! Pues si se fía usted en los versos para navegar por el mundo adelante... Yo he notado en este país una cosa curiosa, y voy a comunicar a usted mis observaciones. Aquí los versos se leen todavía con mucho interés, y parece que las chicas se los aprenden de memoria... Pues allá en la corte le aseguro a usted que apenas hay quien se entretenga en eso. Por acá viven veinte o treinta años atrasados: en pleno romanticismo.

Segundo, contrariado, preguntó con cierta vehemencia:

—¿Y Campoamor, y Núñez de Arce, y Grilo? ¿No son poetas de fama? ¿No gozan de gran popularidad?

—Campoamor... A ese le leen porque es muy truhán y dice cosas que hacen cavilar a las niñas y reír a los hombres... Tiene su miga, y filosofa así, entreteniendo... Pero mire usted; ni él ni Núñez de Arce viven de los rengloncitos desiguales... Buen pelo echarían... Grilo, qué sé yo... Goza de simpatías allá entre las damas de alto copete, y le imprime sus poesías la reina madre, que por lo visto está en fondos... En fin, crea usted que ninguno medrará gran cosa por el camino del Parnaso... Y ya ve usted; se trata de los maestros, porque poetas de segunda fila, chicos que riman mejor o peor, habrá en Madrid ahora unos doscientos o trescientos... ¿Les conoce usted? Pues yo tampoco tengo el gusto... Cuatro amigotes les elogian, cuando publican algo en una Revista trasconejada... Y pare usted de contar. Hablando en plata, tiempo perdido.

Segundo, muy silencioso, se ensañaba con el cigarro.

—No lo tome usted a ofensa... —prosiguió don Victoriano—. Yo entiendo poco de letras, por más que en mis juventudes hice quintillas como todo el mundo: además, no conozco nada de usted... De manera que mi juicio es imparcial, y mi consejo sincerísimo.

—Yo... —articuló Segundo al cabo— no tengo cifradas mis aspiraciones solo en la poesía lírica... Acaso más adelante optaría por la dramática... o por la prosa: qué sé yo. Solo quisiera probar fortuna...

Don Victoriano se levantó y salió al balcón un instante. De repente se volvió, puso ambas manos en los hombros de Segundo, y pegando casi al rostro del poeta su cara amojamada, exclamó con lástima no fingida:

—¡Pobre muchacho! ¡Cuántos, cuántos disgustos le esperan a usted!

Y como Segundo callase, atónito de aquella efusión repentina:

—No puede usted, novicio como es, adivinar en lo que se mete; me da usted pena: ya está usted divertido. En el estado actual de la sociedad, para descollar o brillar en algo, hay que sudar sangre como Cristo en el huerto... Si es en la poesía lírica, Dios nos asista... Si hace usted comedias o dramas, verá usted lo que es bueno: adular a los cómicos, dejar el manuscrito arrinconado, apolillándose en un cajón, que le corten a usted de un tijeretazo medio acto, y luego el miedo de la noche del estreno, y lo que viene detrás... que puede ser la más negra... Si se mete usted a periodista... no descansará usted diez minutos, hará usted la reputación de los demás y nunca verá ni el principio de la propia... Si escribe usted libros... ¿Pero quién lee en España? Y si se echa usted en brazos de la política... ¡Ah!

Oía Segundo sin despegar los labios, con los ojos bajos y la mirada errante por los nudos de la madera del piso, aquella voz persuasiva que parecía arrancarle una por una las hojas de rosa de sus ilusiones, con el mismo chasquido estridente de la uña que dispersaba la ceniza del puro. Al fin alzó el rostro con traído y miró al hombre político, murmurando no sin alguna ironía en el acento:

—Pues de la política, señor don Victoriano, creo que no debe usted hablar tan mal... A usted le ha tratado con cariño; no tendrá usted queja de ella. Para usted no fue madrastra.

Se descompuso el semblante de don Victoriano, dejando salir a la superficie los estragos de la enfermedad... y levantándose de nuevo y tirando el cigarro y midiendo a pasos agitados el salón, rompió a hablar apasionadamente, con frases que brotaban en oleadas súbitas, en chorros impetuosos y desiguales, como el caño de sangre por la cortada arteria.

—No me toque usted ese punto... cállese usted, criatura... ¡qué sabe usted, qué sabe usted, ni qué sabe nadie lo que son esas cosas, hasta que cae en ellas de cabeza y queda sujeto y no puede salir ya! Si yo le contase a usted. ¡Pero es imposible contar la vida entera, día por día, referir una batalla que dura años, sin tregua ni reposo! Combatir para que le empiecen a conocer a uno, seguir combatiendo para que no le olviden, pasar del bufete a la política, de una rueda de cuchillos a una cama de ascuas, lidiar en el foro, en el Congreso, sin fe, sin convicción, porque sí, por no dejar vacante el puesto que uno se conquista; y a todo esto, ni una hora libre, ni un minuto sosegado, ni tiempo para nada... Logra uno fortuna cuando ya le falta humor para gozarla; se casa y forma familia, y... casi no es uno dueño de acompañar a su mujer al teatro... No me hable usted... El infierno, el infierno en abreviatura es la política... Querrá usted creer... (y aquí soltó redonda la interjección) que cuando mi chiquitina empezó a andar, intenté yo un día tener el gusto de llevarla a paseo de la mano... Un capricho, una rareza... Pues iba muy satisfecho bajando la escalera con la pequeñilla en brazos, y cátate que me encuentro al marqués de Cameros, un aspirante a diputado cunero por Galicia, que venía a pedirme quince o veinte cartas de mi puño y letra para mayor eficacia... ¡Y fui tan bestia, hombre, fui tan bestia, que en vez de tirar al marqués por las escaleras abajo, subí de nuevo mis dos pisos, di la chiquilla a la niñera y me encerré en el despacho a preparar la elección! Y así, toda la vida; conque dígame usted, ¿tengo o no tengo razón en abominar de tanta estupidez y tanta farsa? ¡Ah! ¡Qué trabajo nos tomamos para hacernos infelices!

No cabía duda. En la voz del hombre político temblaban lágrimas reprimidas; en su laringe se revolvían, ahogándose, imprecaciones y blasfemias. Segundo, por hacer algo, abrió de par en par la vidriera del balcón. El Sol estaba distante del zenit, el calor era menos pesado.

—¡Y lo peor de todo... la cola! —prosiguió don Victoriano deteniéndose—. Usted lucha y brega sin calcular, sin entretenerse en observar el estado de sus fuerzas... Combate usted al modo de aquellos caballeros antiguos, con la visera calada. Pero como no es usted de hierro, sino de carne, cuando menos lo piensa, ¡zas!, se encuentra enfermo, enfermo, herido sin saber dónde... No pierde usted sangre, pero pierde usted el jugo... lo propio que un limón cuando lo exprimen... Y el ex-ministro se reía amargamente. Y quiere usted pararse, reponerse, comprar a peso de oro la salud... y ya no es tiempo... ya no tiene usted gota de agua en su cuerpo todo... ¡Ea, fastidiarse, secarse y reventar! ¡Pues ya se ha lucido usted con sus trabajos y sus victorias! ¡Está usted fresco... está usted aviado!

Decíalo accionando, metiendo las manos en los bolsillos, en un paroxismo de confianza, expresándose igual que si estuviese solo. Y en realidad, consigo mismo hablaba. Era aquel un monólogo, traducción en alta voz de los pensamientos negros que don Victoriano ocultaba, merced a esfuerzos de heroísmo. La extraña enfermedad que padecía le causaba horribles pesadillas nocturnas; soñaba que se volvía pilón de azúcar, y que la inteligencia, la sangre y la vida se le escapaban por un canal muy hondo, muy hondo, convertidas en almíbar puro. Despierto, su mente rechazaba, como se rechaza la ignominia, tan peregrino mal. Debía equivocarse Sánchez del Abrojo: aquello era un desorden fisiológico y pasajero, un achaque usual y corriente, consecuencia de la vida sedentaria, y Tropiezo y su rutina vencerían acaso a la ciencia. ¿Y si no vencían?... El hombre político sentía pasar por los bulbos capilares un soplo glacial que le encogía el corazón. ¡Morir a los cuarenta y pico de años, con la inteligencia firme y con tantas cosas emprendidas y logradas! Y síntomas de muerte debían ser sin duda aquella sed abrasadora, aquella bulimia nunca saciada, aquella sensación enervante de derretimiento, de fusión, aquel liquidarse continuo.

De repente recordó don Victoriano la presencia de Segundo, que había olvidado casi. Y apoyándole otra vez ambas manos en los hombros, y fijando en los del poeta sus ojos áridos, que requemaba un llanto contenido, exclamó:

—¿Quiere usted oír la verdad y recibir un buen consejo? ¿Tiene usted ambición, aspiraciones y esperanzas? Pues yo tengo desengaños, y quiero hacerle a usted un favor comunicándoselos ahora. No sea usted tonto; quédese usted aquí toda su vida; ayude a su padre, herédele el bufete, y cásese con esa muchacha tan frescota de Agonde... No abandone nunca este país de fruta, de viñas, de clima tan dulce... ¡Cuánto daría yo ahora por no haberme movido de él! ¡Si se pudiese ver la vida futura en cuadros, como un panorama! Nada, hijo... Quieto aquí; eche usted aquí raíces; viva muchos años con prole numerosa... ¿Ha reparado usted qué sano está su padre? Da gusto verle con aquella dentadura tan fuerte y tan entera... Yo no tengo un diente por dañar: dicen que es uno de los síntomas de mi achaque... ¡Ah!, si su madre de usted viviese, ahora le estarían naciendo a usted hermanitos!

Segundo sonreía:

—Pero, señor don Victoriano... —murmuró—, con arreglo a sus teorías de usted, en lugar de vivir... vegetaríamos.

—¡Y qué dicha mayor que vegetar! —respondió el hombre político asomándose al balcón—. ¿Cree usted que no son dignos de envidia esos árboles?

Tenía en efecto el huerto, a semejante hora en que declinaba el Sol, cierta beatitud voluptuosa, cual si gozase un sueño feliz. Las hojas lustrosas de los limoneros y camelias, los gomosos troncos de los frutales parecían beber con deleite el fresco aliento vespertino, precursor del rocío vital de la noche. La atmósfera dorada se teñía a lo lejos en tintas de acuarela, color lila. Empezaban a oírse mil rumores, preludios de cantos de insectos, de conciertos de ranas y sapos.

Interrumpió la contemplativa tranquilidad de la escena el trote precipitado de una mula, y Clodio Genday en persona, sofocado, girando como una devanadera, penetró en el huerto. Con las manos, con la cabeza, con el cuerpo todo, llamó, gritó, vociferó:

—¡La traigo buena... buena! Ya subo, ya subo.

Fuéronle a recibir a la escalera de la solana, y entró disparado, como un rehilete, viéndose que no traía cuello ni corbata, y venía desceñido, hecho una calamidad.

—Que nada, señor don Victoriano, que nos la juegan, que nos la jugaron... Que si no se toman pronto medidas perdemos el distrito... Mentira le parecería a usted lo que llevan revuelto y urdido, desde días acá, en la botica de doña Eufrasia... Y nosotros inocentes, descuidadísimos... Toditos los curas metidos en el ajo: el de Lubrego, el de Boán, el de Naya, el de Cebre... Ponen de candidato al señorito de Romero, de

Orense, que está dispuesto a aflojar la mosca... Pero ¿dónde anda Primo; ese majadero, ese pasmón que no se enteró de nada?

—Vamos a buscarle, hombre... ¡Qué me cuenta usted! ¡Qué me cuenta usted! Nunca pensé que se atreviesen...

Y don Victoriano, reanimado, excitado, siguió a Clodio que iba gritando por el salón:

—¡Primo! ¡Primo!

A poco rato vio Segundo que los dos hermanos y el exministro recorrían el huerto, departiendo y gesticulando acaloradamente. Clodio acusaba, defendíase Primo, y conciliaba don Victoriano. En su furia, Clodio metía a Primo los puños en la cara, le desabrochaba el chaleco, mientras el inculpado solo acertaba a contestar tartajosamente, haciéndose cruces muy de prisa:

—Jesús, Jesús, Jesús... ¡Avemaría de gracia!

El poeta les miraba pasar, observando la transformación de don Victoriano. Al retirarse del balcón, vio enfrente de sí a Nieves que le decía con afabilidad:

—¿Y esos señores? ¿Le dejan a usted solito? A estas horas ya deben cantar los pinos. Se ha levantado brisa.

—De fijo cantan ahora —contestó el poeta—. Yo los oiré desde la silla del caballo, camino de Vilamorta.

El movimiento de sorpresa de Nieves no pasó inadvertido para Segundo, que clavando los ojos en ella, añadió con soberbia y frialdad:

—A no ser que usted me mandara quedarme.

Nieves enmudeció. Por cortesía, figurábase que era preciso detener al huésped; y al mismo tiempo, eso de decirle: «quédese usted», estando los dos solos, le pareció cosa rara y grave compromiso. Al fin, con risa forzada, pronunció una frase ambigua:

—¿Pero qué prisa tiene usted? Y... ¿Volverá usted a hacernos otra visita?...

—Ya nos veremos en Vilamorta... Adiós, Nieves... No quiero interrumpir a don Victoriano... Salúdele usted de mi parte y que cuente conmigo y con mi padre para todo.

Sin tomar la mano que Nieves le tendía y sin volver la cara, bajó al patio. Sentaba el pie en el estribo, cuando una figurilla menuda saltó allí cerca. Era Victorina que traía las manos llenas de terrones de azúcar y venía a ofrecérselos al jaco. Este alargaba ansiosamente sus belfos, con ondulaciones inteligentes de trompa de elefante. Segundo intervino.

—Hija, va a morderte... mira que muerde...

Luego, en tono festivo, añadió:

—¿Quieres que te aupe aquí? ¿No? ¡A que sí te aupo!

La cogió y la sentó en el borrén delantero de la silla. Forcejeaba la niña para escaparse, y su hermoso pelo envolvía la cara y hombros de Segundo, que la sujetaba por debajo de los brazos y por el talle. No sin sorpresa reparó que el corazón de la niña palpitaba fuerte y desordenadamente, bajo la imperceptible turgencia del seno impúber. Victorina, muy pálida, gritaba:

—¡Mamá... mamá!

Al fin logró desasirse, y echó a correr hacia Nieves, que se reía a carcajadas del suceso. A medio camino se detuvo, retrocedió, anudó los brazos al cuello del caballo, y le dio, en el mismo hocico, un beso muy cariñoso.

XI

Ocho o diez días mediaron entre la visita de Segundo a las Vides y el regreso de don Victoriano y su familia a Vilamorta. Quería don Victoriano tomar las aguas y a la vez desbaratar la tenebrosa maquinación, la candidatura Romero. Plan sencillo: ofrecer a Romero un distrito en otra parte, donde no tuviese que gastar un céntimo; y así, quitado de en medio el único rival que tenía prestigio en el país, evitaba el bofetón de una derrota por Vilamorta. Esto importaba hacer antes de octubre, época señalada para la lucha electoral. Y mientras Genday, García, el alcalde y demás combistas manejaban los palillos, don Victoriano, instalado en casa de Agonde, bebía por las mañanas dos o tres vasos del salutífero licor; leía después el correo, y por la tarde, a tiempo que el pegajoso bochorno convidaba a siestas, leía o escribía en la fresca salita del boticario.

Frecuentemente le acompañaba Segundo en semejantes horas de soledad. Hablaban amigablemente, y el hombre político, lejos de insistir en la tesis desarrollada allá en las Vides, alentaba al poeta, ofreciéndose de muy buen grado a buscarle en Madrid colocación adecuada a sus propósitos.

—Un puesto que no le robe a usted muchas horas, ni le caliente mucho la cabeza... Yo veré, yo veré... Escudriñaremos... Observaba Segundo en el rostro desecado del ministro indicios de mejoría evidente. Experimentaba don Victoriano el pasajero alivio que producen las aguas minerales en los primeros momentos, cuando su energía estimula el organismo, siquiera sea para desgastarlo más después. La digestión y circulación se habían activado, y hasta la transpiración, enteramente suprimida por la enfermedad, dilataba con grato fomento los poros, comunicando a las secas fibras elasticidad de carne mollar. Como la luz de una bujía brilla más al acelerar se la combustión, don Victoriano parecía regenerarse, cuando en realidad iba consumiéndose... Él, pensando renacer, respiraba dichoso la estrecha atmósfera de las intriguillas electorales, gozando en disputar palmo a palmo su distrito, en recoger adhesiones y testimonios de simpatía, y secretamente halagado hasta por la absurda proposición de incensarle en la iglesia que al párroco de Vilamorta hicieron sus feligreses. De noche se solazaba patriarcalmente en la tertulia de Agonde con las historias cómicas de la botica de doña Eufrasia y con el menudo oleaje ocasionado por la proximidad de las fiestas. Poco a poco la inocente mesa de tresillo de Agonde se modificaba, convirtiéndose en algo de más malicia. Ya no eran cuatro las personas sentadas, sino una sola; y el resto, de pie, formaba grupo, y tenía fijos los ojos en las manos del sentado. La izquierda del banquero se crispaba aferrando los naipes, y con nervioso impulso del pulgar de la diestra hacía ascender lentamente la postrera carta, hasta que se vislumbraba y adivinaba, primero la pinta, luego el número, luego la porra de un basto, la yema de huevo de un oro, la cola azul de un caballo, la corona picuda de un rey. Y había otras manos que recogían puestas y sacaban dinero del bolsillo y lo depositaban sobre los fatídicos pedazos de cartulina, y se oía decir:

—¡Al siete! ¡Al cuatro! ¡As en puerta!

Por pudor, Agonde se privaba de tallar mientras estuviese allí don Victoriano, sofrenando a duras penas la única pasión que tenía el privilegio de calentar un tanto su sangre y esparcir su linfa, y cediendo el puesto a Jacinto Ruedas, famoso tahúr ambulante, conocido en todo el universo, que andaba al olor de la timba como otros al de los banquetes: tipo raro, entre chulo y polizonte, que decía en voz ronca chistes de baja ley. No aclaran los cronistas si la autoridad civil de Vilamorta, o sea el juez, intentó poner coto a la diversión ilegal que se permitían los tertulianos, de la farmacia; pero es punto averiguado que teniendo el juez una pierna más corta que otra, el ruido de su muleta en las baldosas de la acera avisaba siempre de su proximidad a los jugadores. Y en cuanto a la autoridad municipal, sábese de cierto que un día, o para mayor exactitud una noche, penetró en la trastienda del boticario lo mismo que una bomba, con dinero en la mano, y echándolo sobre una carta, gritó:

—¡Soy caballo, señores!

—¡Sea usted burro, si quiere! —le replicó Agonde, dándole un empujón con irreverencia notoria.

Aquel año, la presencia de don Victoriano y la ya declarada lucha entre sus partidarios y los de Romero, prestaba a las fiestas carácter de batalla. Querían los combistas sacarlas más que nunca lucidas y brillantes, y los romeristas aguarlas si fuese posible. En el salón del Consistorio preparábase el globo padre, que ocupaba extendido toda la longitud de la pieza: sus cuarterones blancos iban cubriéndose de rótulos, figuras, emblemas y atributos, y por el suelo andaban desparramados calderos de hojalata llenos de engrudo, pucheretes de bermellón, tierra de Siena y ocre, ovillos de bramante y recortes de papel. Del globo gigantesco nacían diariamente menudas crías; globitos en miniatura, hechos con retazos y muy ribeteados de azul y rosa. Hablábase con desdén en la tertulia de doña Eufrasia de semejantes preparativos, y se comentaba el arrojo del hijo del tabernero, solemne mamarrachista, que se proponía retratar a don Victoriano, en los cuarterones del gran globo. Las señoritas romeristas, frunciendo los labios y encogiéndose de hombros, protestaban que no asistirían a los fuegos ni al baile, aunque sus adversarios pusiesen, para conseguirlo, los santos en novena.

En cambio, las del bando combista formaron en torno de Nieves una especie de corte. Todas las tardes iban a buscarla para salir a paseo, y además de Carmen Agonde, la rodeaban Florentina la del alcalde, Rosa, sobrinita de Tropiezo, y Clara, la mayor de las niñas de García. Andaba esta descalza, muy ocupada en coger moras y echarlas en el mandil, cuando recibió la estupenda noticia de que su padre le encargaba un traje a Orense, para visitar a la señora del ministro. Y vino el traje, con sus lazos muy tiesos y sus forros de percalina muy engomados, y la chiquilla, lavada, atusada, incrustados los pies en botitas nuevas de chagrín, con la vista baja y con las manos una encima de otra, en simétrica postura, fue a engrosar el séquito de Nieves. Declarose Victorina protectora de Clara García; la compuso, la regaló un brazalete y se hicieron inseparables.

Solían pasear por la carretera, pero así que Clara tomó confianza, protestó, asegurando que por las veredas y los atajos era mucho más divertido y se encontraban cosas más bonitas. Y apretó el brazo de Victorina, exclamando:

—¡Segundo te sabe paseos preciosos!

Casualmente la misma tarde, al regresar al pueblo, divisaron a un hombre que se escurría pegado a las casas, y Clara, desde la acera de enfrente, echó a correr y le cogió por la cintura.

—Eh... tú... Segundo... no te escapes, que bien te vemos.

Dio el poeta familiar encontrón a su hermana, y saludó ceremoniosamente a Nieves, que le correspondió con cordialidad suma.

—Mire usted que esta chica... Vamos, de seguro que le ha hecho a usted mala obra... usted dispense...

Se sentaron a tomar el fresco en los bancos de la plaza, y cuando al otro día salió la caravana, después de la hora de la siesta, Segundo se le incorporó haciendo estudio en no acercarse a Nieves, lo mismo que si entre los dos existiese alguna inteligencia secreta, alguna misteriosa complicidad. Mezclose al grupo de las niñas, y deponiendo su seriedad acostumbrada, reía y bromeaba con Victorina, para quien recogía, al borde de los setos, maduras zarzamoras, bellotas de roble, erizos tempraneros de castaña, y mil florecillas silvestres que la niña archivaba en un saquito de cuero de Rusia.

Unas veces las llevaba Segundo por caminos hondos, costaneros, abiertos en la piedra viva, guarnecidos de murallones, cubiertos por emparrados que apenas dejaban filtrarse la moribunda luz del Sol; otras, por descubiertos, calvos y áridos montecillos, hasta llegar a alguna robleda añosa, a algún castaño dentro de cuyo tronco, resquebrajado y hendido por la vejez, podía Segundo esconderse, mientras las chiquillas, asidas de las manos, bailaban en derredor.

Un día las condujo al remanso del Avieiro, al puente de piedra bajo cuyos arcos el agua negra, fría e inmóvil, dormía siniestro sueño. Y les refirió que allí, por ser el río más hondo y calentar menos el Sol, se guarecían las más corpulentas truchas, y que junto al estribo había aparecido el mes anterior un cadáver. También las guió al eco, donde las niñas gozaron locamente hablando todas a la vez, sin dar tiempo a que el muro repitiese sus gritos y risas. Y otra tarde les enseñó un curioso lago, del cual se referían en el país mil consejas: que no tenía fondo, que llegaba al centro de la tierra, que bajo sus muertas ondas se columbraban ciudades sumergidas, que flotaban en él maderas extrañas y crecían nunca vistas flores. Era el tal lago, en realidad, una gran excavación, probablemente una mina romana inundada, que presa entre la serie de montículos de toba arcillosa que la pala de los mineros había acumulado por todas partes, ofrecía sepulcral y fantástico aspecto, ayudando a la ilusión la melancolía de las vegetaciones palustres que verdeaban en la sobrehaz del gran charco. Como se aproximaba el anochecer, las niñas declararon que tan lúgubre sitio les infundía un miedo atroz; las muchachas confesaron lo mismo, y echaron a escape para salir pronto al camino real, dejando a Nieves y Segundo rezagados. Era la primera vez que tal cosa ocurría, porque el poeta evitaba las ocasiones. Nieves, sin embargo, miró inquieta a su alrededor y bajó después los ojos, encontrando los de Segundo puestos en ella, interrogadores y ardientes. Y entonces, lo tétrico del paisaje y lo solemne del crepúsculo le encogieron el corazón, y sin saber lo que hacía, corrió lo mismo que las muchachas. Sentía detrás las pisadas de Segundo, y cuando por fin se detuvo, no lejos de la carretera, le vio sonreír y no pudo menos de reírse también de su propia necedad.

—¡Jesús... qué miedo tan estúpido... me he lucido... estoy a la altura de las chicas! Es que el dichoso charco impone... Diga usted: ¿cómo no han sacado vistas de él? Es muy raro y muy pintoresco.

Regresaban por la carretera, después de anochecido, y como si Nieves pretendiese borrar la impresión de su chiquillada, venía alegre y cariñosa con Segundo; dos o tres veces se tropezaron sus ojos, y, sin duda por distracción, no los apartó. Hablaron de la expedición del día siguiente: había de ser por las orillas del río, más alegres que el lago; un punto de vista admirable y no fatídico, como la charca.

En efecto, el camino que siguieron al otro día era muy lindo, aunque difícil, por lo espeso de los mimbrales y cañaverales, y lo enmarañado de los abedules y álamos nuevos que estorbaban a veces el paso. A cada momento tenía Segundo que dar la mano a Nieves y desviarlas ramas frescas y flexibles que le azotaban el rostro. Por más precauciones que tomó, no pudo evitar que se humedeciese los pies, ni que se dejase jirones del encaje de su *Pamela* en un álamo. Se detuvieron allí donde el río, dividiéndose, formaba en medio una isleta poblada de espadañas y de sencillos gladiolos. Un arroyo, bajando del monte, venía a perderse en el Avieiro, humilde y callado. Crecían a sus orillas dentados y variadísimos helechos, y graciosa flora acuática. Segundo se arrodilló en el encharcado suelo y empezó a registrar entre las plantas.

—Tome usted, Nieves.

Ella se acercó, y él, con una rodilla en tierra; le entregó un manojo de flores azules, de un azul pálido de turquesa, con tronco delgadísimo; flores que ella solo había visto contrahechas, en adornos de sombreros, y cuya existencia le parecía un mito: flores soñadas, que se figuraba no crecerían sino en los bordes del Rhin, allá donde suceden todas las cosas novelescas; flores que se conocen con un nombre tan bonito: no me olvides.

XII

Era Nieves lo que suele llamarse una señora cabal, sin una página turbia en su historia, sin un pensamiento de infidelidad a su marido, sin más coquetería que la del vestido y tocado; y aun esa, libre de afeites o de saliños tentadores, limitada a complacencias serviles con la moda. Su ideal, caso de tener alguno, se cifraba en una vida cómoda, elegante, rodeada de consideración social. Se había casado muy joven, dotándola don Victoriano en algunos miles de duros, y el día de la boda, su padre la llamó a su despacho de magistrado; y teniéndola de pie como a los reos, le encargó mucho que respetase y obedeciese al esposo que tomaba. Ella obedeció y respetó.

Y la obediencia y el respeto desesperaron a don Victoriano, que buscaba en el matrimonio el desquite de largos años pasados en el bufete; años de abstinencia amorosa, en que los asiduos trabajos y la sedentaria vida no le consintieron atar un tierno lazo ni cultivar dulces afectos, permitiéndole a lo sumo algún lance rápido, alguna violenta e irritante aventura que no satisfacía su espíritu: juzgaba que la linda hija del presidente de sala le pagaría sus atrasos de amor, y notó con estéril y doloroso despecho que Nieves veía en él al marido grave a quien se acepta dócilmente, sin repugnancia, y nada más. Respetando mal de su grado la tranquilidad de aquella superficial criatura, no supo ni osó despertarla, y solo consiguió consumirse y deshacerse en vano, acelerar la destrucción de su organismo y apresurar la crisis de la madurez, multiplicando las ráfagas blancas que listaban su pelo negro.

Al nacer la niña, esperó don Victoriano resarcirse con creces en nuevas y santas caricias, en un oasis puro. Mas las exigencias de la posición política, el tráfago de los negocios, la complicación y el engranaje implacable de su existencia, se interpusieron entre él y las delicias paternales. Vio a su hija de lejos siempre y apenas consiguió, a la hora del café, tenerla un rato a horcajadas sobre los muslos. Y después sobrevinieron los ataques de la enfermedad...

Desde que se declaró esta, con sus aflictivos síntomas, Nieves, por extraño caso, se halló como desligada del vínculo conyugal, y en cierto modo, soltera. Juzgaba ella sinceramente y de buena fe que lo importante y esencial del matrimonio era la vida en común de los esposos, la cohabitación obligatoria. Libre de este deber, parecíale haber vuelto a los rosados días del colegio, cuando mariposeaba y jugaba a los novios con sus compañeras, que le fingían inofensivas cartitas amorosas y se las metían debajo de la almohada. ¡Qué tiempos! Era pollita...

No había vuelto a divertirse desde entonces, no. ¡Valiente diversión la de aquella vida metódica y rutinaria de Madrid!... Sí, una temporada hubo en que el marqués de Cameros, el rico y joven cliente de don Victoriano, venía con cierta frecuencia, y aun le habían convidado dos o tres veces a comer, sin cumplido... Persistía en Nieves el recuerdo de que el marqués la miraba mucho a hurtadillas, y que de noche se lo encontraban, casualmente, siempre en el mismo teatro a donde ellos iban... No pasó de ahí.

Ahora florecía la segunda juventud de Nieves, los veintinueve o treinta años, época terrible en la vida femenina; y si no podía producir rojos cálices llenos de abrasadora pasión, en cambio deseaba adornarse con los soñadores no me olvides del poeta... Parecíale a Nieves que en el vaso de porcelana de China de su existencia faltaba una flor, y el frágil ramito azul venía a completar la gracia del juguete de sobremesa... ¡Bah! ¡Qué mal había en todo ello! Una chiquillada. Aquellas flores, conservadas entre las hojas de un devocionario lujoso, solo le inspirarían pensamientos de color celeste bajo, inertes como las pobres corolas ya prensadas y secas...

Prendió en el pecho el grupo azul. ¡Qué bien hacía entre la cascada de encaje crudo!

—Mamá —le preguntó Victorina de noche, antes de recogerse—: ¿te dio Segundo esas flores tan monas, di?

—Ah... no recuerdo... Sí, creo que las ha cogido García.

—¿Me las das, para guardarlas en mi saquito?

—Anda, hijita, que te acuesten pronto... Mademoiselle, ¡hágala usted que rece!

XIII

La proximidad de las fiestas interrumpió los paseos largos. Únicamente se salía un poco hacia la carretera, regresando en breve al pueblo, donde andaba mucha gente por la plaza. Componíase el paseo de señoritas combistas muy emperejiladas, de curas de aldea alicaídos, mal afeitados y enfermos, de jugadores de heteróclita facha, de forasteras venidas del Borde, tipos todos que Agonde comentaba con mordacidad, entreteniendo bastante a Nieves.

—¿Ve aquellas? Son las señoritas de Gondás, tres solteronas y una solterita, que la tratan de sobrina, pero como las de Gondás no tienen hermano... Aquellas otras dos son las de Molende, de allá de Cebre, gente muy aristócrata, Dios nos libre... La gorda es capaz de pegarle un tiro de revolver al hijo del Sol... ¡y la otra hace unos versos!, yo animo a Segundo García para que se le declare: compondrán una pareja de lo más refinado... Están de huéspedas en casa de Lamajosa: allí se encuentran ellas en su elemento, porque doña Mercedes Lamajosa, para que las visitas sepan que es noble, les dice a las hijas: —niñas, traedme acá la calceta, que debe estar en el armario sobre la carta ejecutoria—. Esas dos tan guapitas y tan majas son las de Camino, hijas del juez...

La víspera de la feria salió mañana y tarde la música, aturdiendo las calles con su estrépito de murga victoriosa. Hallábase la plaza consistorial salpicada de tinglados que hacían vistosa confusión de colorines chillones y disparejos. Delante del Ayuntamiento se levantaban unos extraños armatostes, que así podían parecer instrumentos de martirio, como juguetes de chiquillos o espantapájaros, y no eran sino los árboles y ruedas de fuego que a la noche habían de quemarse con magnífica pompa, favorecidos por la serenidad del aire.

Del balcón del Consistorio salía, a manera de brazo titánico, el mástil donde debía izarse el magno globo; y por el barandado corría una serie de vasitos de colores, formando las letras V.A.D.L.C.: delicado obsequio al representante del país.

Había cerrado la noche, cuando don Victoriano y su familia salieron hacia el Ayuntamiento para presenciar la función de pólvora. Trabajo les costó romper por entre el gentío que llenaba la plaza, donde chocaban mil varios y opuestos ruidos, ya la pandereta y las castañuelas de un corro de baile, ya el mosconeo de la zanfona, ya una triste y prolongada copla popular, ya la interjección de un borracho agresivo, que quería tener por suyos los ámbitos de la feria. Agonde daba el brazo a Nieves, desviaba la gente y explicaba el programa de la fiesta nocturna.

—Nunca se ha visto un globo como el de este año: es el mayor que se recuerda: los romeristas están furiosos.

—¿Y qué tal ha salido mi estampa? —preguntaba con interés don Victoriano.

—¡Ah! ¡Una cosa soberbia! Mejor que el retrato de La Ilustración.

En el portal del Ayuntamiento redoblaron las dificultades, y fue preciso hollar sin misericordia pechos, vientres y espaldas de personas instaladas allí, y resueltas a no menearse ni perder el sitio.

—Mire usted qué pedazos de asnos —murmuraba Agonde...—. Aunque uno los pisotee, nada... no se levantarán. Esos no tienen posada, y pasan ahí la noche; mañana se desperezan y se van tan contentos a sus aldeitas...

Saltaron como pudieron por encima de aquel amasijo, donde en repugnante promiscuidad se amontonaban hombres, mujeres y muchachos entrenzados, adheridos, revueltos. Aún por los descansos de la escalera yacían grupos sospechosos, o roncaba un labriego chispo, ahíto de pulpo, o contaba cuartos en el regazo una vieja. Entraron en el salón, donde no había más luz que la dudosa proyectada por los vasos de colores. Algunas señoritas ocupaban ya el balcón; pero el alcalde, sombrero en mano, deshaciéndose de puro solícito, las fue arrinconando para dejar ancho sitio a Nieves, a Victorina y a Carmen Agonde, en torno de las cuales se formó una especie de círculo o tertulia obsequiosa. Trajeron sillas a las señoras, y a don Victoriano se lo llevó el alcalde a la Secretaría, donde le esperaban en una bandeja botellas de Tostado y tagarninas infames. La chiquillería y las muchachas se colocaron en primera fila, apoyándose en el antepecho del balcón, desafiando el riesgo de que un cohete se les viniese encima. Quedose Nieves algo más retirada, y se envolvió mejor en su chal argelino tramado de plata, porque en aquel salón lóbrego y vacío se notaba fresco. Había a su lado una silla desocupada, y de repente se apoderó de ella un bulto humano.

—Adiós, García... Dichosos los ojos... Hace dos días que no le vemos.

—Ni ahora me ve usted tampoco, Nieves —murmuró el poeta, inclinándose para hablarla en voz baja—. No es fácil verse aquí.

—Es verdad... —contestó Nieves, turbada por tan sencilla observación—. ¿Cómo no habrán traído luz?

—Porque perjudicaría al efecto del fuego... ¿No le gusta a usted más esta especie de penumbra? —añadió, anticipándose a sonreírse de lo muy selecto de la frase.

Nieves no chistó. Instintivamente le agradaba la situación, que era delicadísima mezcla de riesgo y seguridad, y tenía sus puntas de romancesca; sentíase protegida por el abierto balcón, por las chicas que se agolpaban en él, por la plaza donde hormigueaba la multitud, y de donde salían rumores oceánicos y cantos y voces confusas, llenas de amante melancolía; pero al mismo tiempo la soledad y tinieblas del salón y la especie de aislamiento en que se hallaban ella y el Cisne preparaban una de esas ocasiones casuales que tientan a las mujeres semilivianas, no tan apasionadas que se despeñen ni tan cautas que huyan hasta la sombra del peligro.

Siguió callada, sintiendo casi en su rostro el aliento de Segundo. De pronto se estremecieron ambos. El primer cohete rasgaba el cielo con prolongadísimo arco luminoso, y su estallido, aunque apagado por la distancia, levantaba en la plaza un clamoreo. En pos de aquella centinela avanzada salieron unas tras otras, a intervalos iguales, ocho formidables, pausadas y retumbadoras bombas de palenque, la señal anunciada en el programa de las fiestas. Retemblaba el balcón al grave estampido, y Nieves no se atrevía a mirar al firmamento, sin duda por temor de que se viniese abajo con la repercusión de las bombas. Parecióle después ruido grato y ligero el de los voladores que a porfía se iban persiguiendo por las soledades del espacio.

Fueron los primeros cohetes vulgares y sin novedad alguna; un trazo de luz, un tronido sofocado y un haz de chispas. Mas en breve les llegó el turno a las sorpresas; novedades y maravillas artísticas. Fuegos había que al estallar se partían en tres o cuatro cascadas de lumbre, y con fantástica rapidez se sepultaban en las profundidades del cielo; de otros se desprendían, con misteriosa lentitud y silencio, lucecillas violadas, verdes y rojas, igual que si los angelitos volcasen desde arriba una caja llena de amatistas, esmeraldas y rubíes. Caían las luces despacio, despacio, como lágrimas, y antes de llegar al suelo se extinguían repentinamente. Lo más bonito eran los cohetes de lluvia de oro, que exhalaban caprichosamente una constelación de chispas, un chorro de gotas de lumbre tan presto encendidas como apagadas. No obstante, el regocijo de la plaza fue mayor ante los fuegos de tres estallos y culebrina. Estos no carecían de gracia: salían y estallaban como los cohetes sencillos, y de allí a poco soltaban una lagartija de luz, un reptil que bufando y haciendo eses correteaba por el cielo y se hundía de golpe en la sombra.

Tan pronto se quedaba a oscuras la escena como se inundaba de claridad y parecía ascender hasta el balcón la plaza, con su avispero de gente, las manchas de color de los tinglados y los cientos de rostros humanos vueltos hacia arriba, disfrutando y saboreando el gran placer de los hijos de Galicia, raza que ha conservado el culto y amor del celta por los fenómenos ígneos, por la noche iluminada, compensación del brumoso horizonte diurno.

También a Nieves le gustaba la alternativa de la luz con las tinieblas, fiel imagen del estado ambiguo de su alma. Cuando el firmamento se encendía y resplandecía; ella alzaba los ojos, atraída por la brillantez y júbilo de las luminarias que daban a momentos tan agradables un colorido veneciano. Cuando volvía a quedarse todo oscuro, atrevíase a mirar al poeta, sin verle, pues sus pupilas, deslumbradas por la pirotecnia, no distinguían los contornos. El poeta, en cambio, tenía las suyas tenazmente fijas en Nieves, y la veía inundada de claridad, con ese matiz lunar hermoso y raro que presta la lucería de los cohetes, y que centuplica la suavidad y frescura de las facciones. Sentía vivos impulsos de condensar en una frase ardiente todo lo que ya era hora de decir, y se inclinaba... y, al fin, pronunciaba un nombre...

—¿Nieves?
—¿Qué?
—¿No había usted visto nunca fuegos así?

—Nunca... Es una especialidad de este país... ¡Me gustan mucho! Si fuese poeta como usted, diría de ellos cosas bonitas. Ande usted, discurra usted alguna...

—Así debe brillar la felicidad en nuestra vida... breves momentos, Nieves... pero mientras brilla... mientras la sentimos...

Segundo renegaba en su interior de la frase pretenciosa, que no acababa de salir... ¡Qué simplezas estaba ensartando! ¿No era mejor bajarse otro poco más y tocar con los labios?... ¿Y si grita?... ¡No gritará, vive Dios! Ánimo...

En el balcón se armó un alboroto. Carmen Agonde, a voces, llamaba a Nieves.

—Nieves, venga... venga... El primer árbol... una rueda de fuego...

Nieves se levantó apresuradamente y reclinose de pechos en el balcón, pensando que convenía disimular y no estarse toda la noche de palique con Segundo. Empezaba a arder el árbol por un extremo, al parecer no sin trabajo, escupiendo difícilmente chispas rojas; pero de súbito se comunicó el fuego a todo el artefacto, y brotó una flamígera rueda, una enorme oblea de luz verde y roja, que giraba y giraba y se expandía, soltando su cabellera de chispas volantes y atronando el espacio con ruido de metralla. Calló breves instantes y hasta estuvo próximo a extinguirse; tendiose un velo de humo rosado, y se vio detrás un foco de lumbre, un Sol de oro que a poco se puso a dar vueltas vertiginosas, abriéndose y rodeándose de una aureola de rayos. Estos fueron apagándose uno por uno, y el Sol menguando y quedándose chiquito hasta reducirse al tamaño de una candelilla, que dio perezosamente algunas lánguidas vueltas y, suspirando, falleció.

Al retroceder Nieves para sentarse otra vez, sintió unos brazos que rodeaban su cuello. Era Victorina, ebria de entusiasmo, prendada de los fuegos, chillando con su delgada vocecilla.

—Mamá... mamá... qué gracioso, ¿eh?, ¡qué bonito! Y dice Carmen que van a quemar otros árboles y un cubo...

Interrumpiose, viendo a Segundo en pie detrás de la silla de Nieves. Bajó la cabeza, muy avergonzada de su infantil alegría. Y en vez de regresar al balcón, se quedó allí clavada haciendo caricias a su madre, para disimular la cortedad y timidez que se apoderaban de ella en cuanto la miraba Segundo. Dos arbolitos más ardían en los ángulos de la plaza, figurando un miriñaque y una parrilla de luminarias, primero doradas, después azules. La niña, a pesar de su admiración por la pirotecnia, no daba señales de marcharse dejando solos a Nieves y Segundo. Este se sentó como cosa de diez minutos; pero al observar que el grupo de la madre y la hija no se deshacía, levantose violentamente, poseído de repentino frenesí, y recorrió el tenebroso salón a pasos desiguales, comprendiendo que por entonces no era dueño de sí mismo, ni capaz de contenerse.

—¡Por vida de... Bien empleado... Quién le mandaba ser un necio y desaprovechar los momentos favorables! Nieves le había alentado: él no lo soñaba, no señor; miradas, sonrisas imperceptibles, pero evidentes; indicios de agrado y benevolencia, todo existía, todo le aconsejaba aclarar una situación tan dudosa y enigmática. ¡Ah, si aquella mujer le quisiera! Y tenía que quererle, y no así por broma y pasatiempo, sino con delirio. No se contentaba Segundo con menos. Su alma ambiciosa desdeñaba triunfos ligeros y efímeros: o todo o nada. Si la madrileña pensaba coquetear con él, se llevaba chasco: él la cogería por sus alas de mariposa, y aun a costa de arrancárselas la pararía: a las mariposas el que las quiere poseer les clava un alfiler o les aprieta fuertemente la región del corazón hasta que expiran: Segundo lo había hecho mil veces cuando niño; volvería a hacerlo ahora; estaba resuelto. Siempre que una risa ligera y burlona, un ademán reservado o una expresión tranquila de Nieves indicaban a Segundo que la señora de Comba se mantenía serena, el despecho concentrado subía a su garganta amenazando sofocarle; y al ver allí a la niña, con quien su madre sostenía animado diálogo, como para entretenerla y que la sirviese de defensa, adoptó la firme decisión de no dejar pasar la noche sin saber a qué atenerse.

Tornó al lado de Nieves, pero esta se había incorporado, y la niña, cogiéndole las manos, la arrastraba al balcón. Era el momento solemne y crítico: acababan de suspender del palo el globo monstruo para hincharlo; y en la plaza se oía gran vocerío, el rumor de la ansiedad. Una falange de artesanos combistas, entre los cuales figuraba Ramón el dulcero, despejaba el sitio para dejar espacio vacío donde pudiese arder libremente la mecha y verificarse la difícil operación. Veíanse las siluetas alumbradas por la luz de la mecha, agitándose, encorvándose, subiéndose bailando un paso de danza macabra. Ya no alumbraban los cohetes la oscuridad nocturna, y el mar de gente parecía tenebroso como un lago de pez.

Plegado aun en dobleces innumerables, hecho un látigo, desmayábase el globo besando el suelo con su boca de alambre, donde empezaba a encenderse y a tomar vigor la apestosa mecha. Los artífices del colosal aerostático lo iban desplegando suave y amorosamente, encendiendo debajo de él otras mechas para que auxiliasen a la central y facilitasen la rarefacción del aire en la panza de papel. Esta se pronunciaba, abriéndose los dobleces con blandos chasquidos, y el globo, de lánguido y apabullado, volvíase turgente por algunas partes. Todavía los dibujos de sus cuarterones aparecían prolongados como los presenta de lejos la superficie bruñida y convexa de las cafeteras; pero ya muchas orlas y letreros asomaban por aquí y por acullá, adquiriendo sus naturales proporciones y colocación, y viéndose claramente los groseros brochazos de bermellón o de azul.

Lo malo era que tuviese el globo tan ancha boca: escapábase por allí el aire dilatado, y si se aumentaban las mechas, había peligro de prender fuego al papel y reducir instantáneamente a pavesas la soberbia máquina. Terrible calamidad, que importaba prevenir a toda costa. Así es que muchos brazos se agitaban extendidos, y cuando el globo se ladeaba hacia alguna parte, varias manos lo sostenían afanosamente: todo con acompañamiento de gritos, palabrotas y maldiciones.

En la plaza aumentaban las mareas y crecía la ansiedad. Carmen Agonde, riéndose con su pastoso reír, explicaba a Nieves las intrigas de entre bastidores. Los que empujaban y querían meterse en el corro para volcar las mechas e impedir que el globo ascendiese, eran del partido romerista: buena centinela había tenido que hacer el cohetero todo el día para que no le mojasen los árboles de pólvora; pero la inquina mayor era contra el globo, por llevar el retrato de don Victoriano: se la tenían jurada, y afirmaban que no subiría semejante mamarracho mientras ellos viviesen, y que ellos echarían otro globo, mejor que el del Ayuntamiento, y único que saldría con felicidad. Por eso aplaudían y lanzaban burlescos aullidos cada vez que el globo magno, desalentado e incapaz de alejarse de la tierra, se dejaba caer a derecha e izquierda, mientras los partidarios de don Victoriano atendían, de una parte a proteger de todo agravio el enorme corpachón del aerostático; y de otra a calentarle bien las entrañas e inflarle el vientre para que volase.

Nieves contemplaba atentamente el armatoste, pero estaba a mil leguas de él su espíritu distraído. Segundo había logrado abrirse camino entre los espectadores del balcón, y allí le tenía Nieves, a su derecha, al lado suyo. Nadie les miraba entonces, y el poeta, sin más preámbulos; pasó el brazo alrededor del cuerpo; de Nieves, apoyando con brío la palma de su abierta mano sobre el lugar donde anatómicamente está situado el corazón. En vez de la elástica y mórbida curva del seno y los acelerados latidos de la víscera, Segundo encontró la dureza de uno de esos largos corsés-corazas emballenados y provistos de resortes de acero, que hoy prescribe la moda: artificio que daba al talle de Nieves gran parte de su púdica esbeltez.

¡Maldito corsé! Segundo desearía que sus dedos fuesen garfios o tenazas que al través de la tela del vestido, de las recias ballenas, de la ropa interior, de la carne y de las mismas costillas, penetrasen y se hincasen en el corazón; agarrándolo rojo, humeante y sangriento, y apretándolo hasta estrujarlo y deshacerlo y aniquilarlo para siempre. ¿Porqué no se sentían los latidos de aquel corazón? El de Leocadia y hasta el de Victorina saltaban como pájaros al tocarles. Y Segundo, desesperado, apoyaba la mano, insistía, sin recelo de lastimar a Nieves, deseoso, al contrario, de ahogarla.

Sobrecogida por la audacia de Segundo, Nieves callaba, no atreviéndose a hacer el más leve movimiento por temor de que la gente observase algo, y protestando tan solo con la rigidez del talle y una mirada de angustia, que pronto bajó, no acertando a resistir la expresión de los ojos del poeta. Este proseguía buscando el corazón ausente sin lograr percibir más que el golpeteo de sus propias arterias, de su pulso comprimido por la firme plancha del corsé. Y al fin el cansancio pudo más, sus dedos se aflojaron, su brazo cayó inerte, y sin fuerza ni ilusión descansó en el talle flexible y férreo a la par, el talle de ballena y acero.

Entretanto el globo, a despecho de las maniobras romeristas, redondeaba su enorme vientre, que iba llenándose de gas y luz, alumbrando la plaza como gigantesca farola. Columpiábase majestuosamente, y en sus cuarterones magnos se leían bien todos los letreros y dedicatorias ideadas por el entusiasmo combista. La efigie, o mejor el coloso de don Victoriano, que ocupaba todo un frente, seguía la forma rotunda del globo, y sobresalía, tan feo y desproporcionado, que daba gozo; tenía por ojos dos sartenes, por pupilas dos huevos que se freían sin duda en ellas, por boca una especie de pez o lagarto, y por barbas un enmarañado bosque o mapa de chafarrinones de siena y negro humo. Monumentales ramas de laurel verde se cruzaban sobre la cabeza del gigantón haciendo juego con las palmas de oro de su uniforme de ministro, trazadas con brochazos de ocre... Y el globo crecía, se ensanchaba, sus paredes se ponían cada vez más tensas, y atirantábase la cuerda que contenía su masa, impaciente ya por lanzarse a las alturas del cielo. Los combistas rugían de júbilo. Alzose un rumor, un hondo rumor de zozobra...

La cuerda había sido cortada diestramente, y sereno, poderoso, magnífico, se elevó el globo a unos cuantos metros de altura, ascendiendo con él la apoteosis de don Victoriano, la gloria de sus laureles, rótulos y atributos. Resonó en el balcón y debajo de él una salva de aplausos y aclamaciones triunfales. ¡Oh vanidad de la humana alegría! No fue una piedra romerista, fueron tres lo menos las que entonces, disparadas por certera mano, abrieron brecha en el monumento de papel, y por las heridas empezó a escaparse a toda prisa el fluido vital, el aire caliente. Encogiose el globo, se contrajo como un gusano cuando lo pisan, doblándose al fin por la cintura y entregándose al fuego de la mecha, que en un decir Jesús se apoderó de él y lo envolvió en un manto de llamas.

Al mismo tiempo que fenecía miserablemente el globo del candidato oficial, el globo romerista, chiquito y redondo, pintarrajeado con obscenos dibujos, subía listo y vivaracho desde una esquina de la plaza, resuelto a no parar hasta el último pabellón de nubes.

XIV

Nieves pasó la noche intranquila, y al despertar, los recuerdos de la víspera se le ofrecieron dudosos y como soñados; no acababa de dar crédito a la realidad de aquella singular osadía de Segundo, aquella toma de posesión directa, aquel apasionado ultraje que ella no supo resistir. ¡En qué grave compromiso la ponía el atrevido del poeta! ¿Y si alguien lo había notado? Al despedirse de las chicas que la acompañaban en el balcón, ellas se reían de un modo así... particular. Carmen Agonde, la muchachona gruesa, con sus ojos dormilones y su genio de pastaflora, descubría a veces tanto la hilaza de la malicia... Pero quia... ¿cómo habían de ver nada? El chal argelino era largo y cubría todo el cuerpo... Y Nieves tomó el chal, se lo puso y se miró con dos espejos para cerciorarse de que con aquella prenda no podía verse un brazo pasado alrededor de un talle... Estaba en esta ocupación cuando abrieron la puerta y entró una persona. Ella soltó el espejillo, estremeciéndose.

Era su marido, más que nunca amarillo, o mejor dicho, color bazo, con las huellas del padecimiento escritas en el rostro... A Nieves le dio un vuelco la sangre. ¿Sabría algo don Victoriano? No tardó en tranquilizarse oyéndole hablar, con despecho mal reprimido, del fracaso del globo y del descaro de los romeristas. El ministro necesitaba desahogar su contrariedad quejándose del dolorcillo del alfilerazo.

—Pero has visto, hija... ¿qué te parece?...

Lamentose después del continuo ruido de la feria, que no le había consentido pegar los ojos. Nieves convino en que era cosa molestísima: también ella se encontraba desvelada. El ministro abrió la ventana y el ruido subió, más estruendoso y alto. Asemejábase a un gran coral o sinfonía compuesta de voces humanas, relinchos de bestias, gruñidos de cerdos, mugidos de vacas, terneros y bueyes, pregones, riñas, cantares, blasfemias y sonidos de instrumentos músicos. La marejada de la feria cubría a Vilamorta.

Desde la ventana se veían las olas, un bullir de hombres y animales entreverados, embutidos por decirlo así los unos en los otros. Entre la masa de aldeanos se abría camino frecuentemente un rebaño de seis u ocho becerros, asustados, en dramática actitud; una mula llevada del diestro formaba corro, disparando un semicírculo de coces; oíanse chillidos y ayes de dolor, pero los de atrás empujaban y el hueco volvía a llenarse; un jaco, excitado por la proximidad de las yeguas, se encabritaba exhalando desesperados relinchos, caía al fin, y mordía, hidrófobo de celo, lo primero que encontraba. Los mercaderes de hongos de fieltro hacían muy rara figura, paseando su mercancía toda sobre la cabeza: una torre de veinte o treinta sombrerones, semejante a las pagodas chinas. Otros traficantes vendían, en un mostrador portátil colgado del pescuezo por dos cintas; ovillos de hilo, balduque, dedales y tijeras; los vendedores de ruecas y husos los llevaban alrededor de la cintura, del pecho, por todas partes, como el inhábil nadador lleva las vejigas; y los sarteneros relucían al Sol, a modo de combatientes feudales.

Mareaba la confusión, el vaivén no interrumpido de la muchedumbre, la mescolanza de racionales y bestias, y era fatigoso el doliente mugir de las vacas apaleadas, el chillido de terror de las mujeres, la brutal hilaridad de los borrachos, que salían de las tabernas con el sombrero echado atrás, la lengua estropajosa, y muy deseosos de expansión y aire, de arremeter contra los hombres y pellizcar a las mozas. Estas, afligidas, levantaban el grito, no logrando esquivar el abrazo de los borrachos sino para caer en las astas de algún buey, o recibir la hocicada de alguna mula, que les bañaba sienes y frente en espumosa baba. Y lo más aterrador era ver a unas cuantas criaturas de pecho, llevadas en alto por sus madres, bogando como endebles esquifes en tan irritado golfo.

Cosa de media hora estuvo Nieves asomada, hasta que se le cansaron los ojos y oídos, y se retiró. A la tardecita se puso otro rato a la ventana. Se había aplacado un poco el tráfago comercial, y el señorío del Borde empezaba a concurrir a la feria. Agonde, a quien en todo el día no se le había visto el pelo, porque le absorbía la desesperada timba que funcionaba en la trastienda, subió entonces un rato, y limpiándose el sudor copioso, explicaba a Nieves las notabilidades conforme iban apareciendo, nombrándole los arciprestes, los párrocos, los médicos, los señoritos...

—Aquel flaco, flaco, que trae un matalón pasado por tamiz, y adornos de plata en la montura, y espuelas también de plata... es el señorito de Limioso... una casa, Dios nos libre, de la pierna del Cid... El Pazo de Limioso está a la parte de Cebre:.. Lo que es tener, no tienen un ochavo, rentitas de centeno y cuatro viñas que ya no dan uva... ¿Pero usted piensa que el señorito de Limioso entrará a comer en alguna posada? No señora: traerá en el bolsillo su pan y queso... y dormirá... ¿qué sé yo dónde? Como es carlista, en la trastienda de doña Eufrasia le dejarán echarse sobre la silla del penco; porque un día como hoy no sobran colchones... Si al espolista que lleva le abulta tanto la faja, es que de seguro viene ahí el pienso del jaco...

—Usted exagera, Agonde.

—¿Exagerar? Sí, sí... usted no tiene idea de lo que son estos señoritos. Aquí les llaman de siete en bestia, porque suelen traer para siete un solo caballo, que van montando por turno dos a dos; y un poco antes del pueblo se detienen para entrar a caballo uno a uno, muy armados de látigo y espuelas, y el jaco pasa siete veces con siete jinetes distintos... Pues mire usted quién viene allí en una borrica y una mula... ¡Las señoritas de Loiro! Son amigas de las de Molende... Repare usted el lío que traen delante: es el vestido para el baile de hoy.

—¿Pero es de veras?

—¡Vaya! Sí, señora: ahí vendrá todo, todito: el miriñaque o como se llame eso que abulta detrás, los zapatos, las enaguas y hasta el colorete... ¡Ah!, pues estas son muy finas, que vienen a vestirse al pueblo: la mayor parte, hace años, se vestían en el pinar que está junto al eco de Santa Margarita... Como no tenían casa aquí, y a se ve, ellas no habían de perder el baile, y a las diez y media o a las once estaban entre pinos abrochándose los cuerpos escotados, prendiéndose lacitos y perendengues, y tan guapas... Entre todo este señorío, créame, Nieves, no se junta el valor de un peso... Son gente que por no gastar grasa ni hacer caldo, almuerza sopa en vino... El mollete de pan de trigo lo cuelgan allá en las vigas para que no lo alcance nadie y dure años... Ya los conoce uno: vanidad y nada más...

Ensañábase el boticario, multiplicando pormenores y recargándolos, con rabia de plebeyo que coge al vuelo una ocasión de ridiculizar a la aristocracia pobre, y refiriendo historias de todos los señoritos y señoritas, miserias más o menos hábilmente recatadas. Reíase don Victoriano recordando algunos de aquellos cuentos, ya proverbiales en el país, mientras Nieves, tranquilizada por la risa de su marido, empezaba a pensar sin terror, antes con cierta complacencia recóndita, en los episodios de los fuegos. Había temido ver a Segundo entre la multitud, pero a medida que venía la noche y se borraban los vivos colores de los tinglados y se encendían lucecillas y eran más roncos los cantos de los beodos, se sosegaba su ánimo y el peligro le parecía muy remoto, casi nulo. En su inexperiencia se había figurado al pronto que el brazo de Segundo le dejaría señal en el talle, y que el poeta aprovecharía el primer momento para aparecer exigente y loco de amor, delatándose y comprometiéndola. Mas el día se deslizaba sereno y sin lances, y Nieves probaba la impaciencia inevitable en la mujer que no ve llegar al hombre que ocupa su imaginación. Al fin pensó en el baile. Allí estaría Segundo, de hecho.

XV

Y se compuso para el baile del poblachón con secreta ilusioncilla, esmerándose lo mismo que si se tratase de un sarao en el palacio de Puenteancha. Claro está que el tocado y vestido eran muy diferentes, pero no menor el estudio y arte en la elección. Un traje de crespón de China blanco, subido y corto, guarnecido con encajes de valenciennes: traje plegado, adherente y dúctil lo mismo que una camisa de batista, y cuya original sencillez completaban los largos guantes de Suecia, oscuros, arrugados en la muñeca, que subían hasta el codo. Un terciopelo negro rodeaba la garganta y lo cerraba una herradura de brillantes y zafiros. El hermoso pelo rubio, recogido a la inglesa, se insubordinaba un tanto en la frente.

Casi le dio vergüenza de haber calculado este atavío cuando atravesó del brazo de Agonde la fangosa plaza, y oyó la ratonera música, y vio que, como la víspera, estaba el zaguán del Consistorio lleno de gente acurrucada, a la cual era necesario pisar para llegar hasta la escalera. Por los descansos corrían las heces de la feria, un reguero oscuro, color de vino... Agonde la desvió.

—No pise ahí, Nieves... cuidadito...

Ella se sintió repelida por tan feo ingreso, y recordó el vestíbulo y la escalera de los duques de Puenteancha, de mármol, alfombrada por el centro, con macetas a los lados... A la puerta del salón donde ahora penetraba, había una cantina provista de azucarillos, rosquillas y dulces, y la mujer de Ramón el confitero, con su inseparable mamón, despachaba el género mirando torvamente a las señoritas que entraban a divertirse. Sentaron a Nieves en el lugar más conspicuo del salón, frente a la puerta. No estaban muy limpias las caleadas paredes, ni muy flamantes las banquetas cubiertas de paño grana; y ni las luces mal despabiladas, ni la araña de hojalata con bujías formaban un espléndido alumbrado. La mucha gente era causa de que el calor rayase en insufrible. Hacia el centro del salón se arracimaban los hombres, confundiéndose en negra masa la juventud de Vilamorta con agüistas, forasteros, tahúres y señoritos monteses. Cada vez que la música atronaba el recinto con la indiscreta sonoridad de sus metales, del grupo central se destacaban los animosos bailarines, lanzándose en busca de pareja.

Nieves miraba, sorprendida, el aspecto del baile. Producíanle un efecto raro y cómico las señoritas con sus peinados abultados y pingües en rizos, sus teces rafagueadas de polvos de arroz ordinarios, sus escotes por poco más abajo del pescuezo, sus largas colas de telas peseteras, pisoteadas y destrozadas por las recias botas de los galanes, sus flores de tarta mal prendidas, y sus guantes cortos de muñeca, de grueso cabrito, que amorcillaban las manos... Acordábase Nieves de las descripciones de Agonde, del tocador establecido en el pinar, y se daba aire con su gran pericón negro, tratando de alejar la atmósfera pestilente en que el bureo del baile la envolvía. Allí se bailaba a destajo, como si disputasen un premio ofrecido a quien echase más pronto los bofes; iban las parejas arrastradas por su propio impulso a la vez que por los ajenos empujones, pisotones y rodillazos; y Nieves, habituada a presenciar el baile acompasado y fino de los saraos, se admiraba de la fe y resolución con que brincaban en Vilamorta. Algunas muchachas a quienes los taconazos habían desgarrado los volantes del traje, se paraban, remangaban la cola, arrancaban el adorno todo alrededor rápidamente, lo enrollaban, y después de arrojarlo en una esquina, volvían risueñas y felices a los brazos de su pareja. Los caballeros se enjugaban el sudor con el pañuelo, pero era inútil; cuellos y pecheras se reblandecían, el pelo se pegaba a las frentes, por los sobacos de los corpiños de seda se extendía una mancha; y los cinco dedos de los galanes se señalaban y quedaban impresos en la espalda de las señoras... Y la gimnasia proseguía, y el polvo y las moléculas de sudor viciaban el aire, y el piso del salón se cimbreaba... Había parejas hermosas, jóvenes frescas y mancebos gallardos, que danzaban con la alegría sana de la mocedad, con los ojos brillantes, rebosando expansión física; y otras muy risibles, de hombres chiquitos con mujeres altas, de mujeronas con niños barbiponientes, de un anciano calvo con una inmensa jamona. Algunos hermanos bailaban con sus hermanas, por cortedad, por no atreverse a sacar a otras señoritas, el secretario del Ayuntamiento, casado hacía años ya con una orensana rica, vieja y muy celosa, saltaba toda la noche con su mujer, y por no morir asfixiado imprimía a polkas y valses el compás de las habaneras.

Cuando Nieves entró la miraron las demás mujeres con curiosidad primero y sorpresa después. ¡Cosa más rara! ¡Venir tan sencillita! ¡No traer una cola de vara y media, ni una flor en el peinado, ni brazaletes, ni zapatos de seda! Dos o tres forasteras de Orense, que abrigaban la pretensión de poner raya en el baile de Vilamorta, cuchicheaban entre sí, comentando aquella negligencia artística y el pudor de aquel corpiño, blanco, subido y la gracia de aquella cabeza chiquita, casi sin moño, vaporosa como las de los grabados de La Ilustración. Se proponían las de Orense copiar el figurín; en cambio, las de Vilamorta y el Borde censuraban acerbamente a la ministra.

—Viene así como vestida de casa...

—Lo hace porque aquí no se quiere poner nada bueno... Ya se ve, para un baile de aquí... Pensará que no entendemos...

Pero mujer, siquiera pudo peinarse algo mejor... Y bien se le conoce que se aburre; mira, ¡si parece que se está durmiendo!
—Antes parecía que no se podía estar quieta sentada... daba con el pie en el suelo, de ganas que tenía de irse...
¡Ah! ¡Efectivamente, Nieves se aburría! ¡Y si las señoritas censoras pudiesen adivinar la causa!
No veía a Segundo en parte alguna, por más que le buscaba con los ojos, al principio disimuladamente y sin rebozo después. Por fin vino el abogado García a saludarla, y entonces no se pudo contener, y esforzándose por hablar en tono natural y corriente, le preguntó:
—¿Y el pollo? ¡Milagro que no anda por aquí!
—¿Quién? ¿Segundo? Segundo es allá... tan raro... ¡vaya usted a saber lo que estará haciendo él a estas horas! Leyendo versos, o componiéndolos... Hay que dejarlo con sus manías.
Y el abogado agitó las manos, como indicando que era preciso respetar las extravagancias del genio, mientras pensaba para sus botones:
—Estará con la condenada de la vieja.
La verdad era que el poeta, dadas las circunstancias, por nada del mundo iría a un baile como aquel, donde sus conocidas, las chicas del pueblo, le comprometerían a bailar, a recibir empellones y sudar el quilo como los de más muchachos. Y su retraimiento, hijo del instinto estético, surtió efecto maravilloso en Nieves, borrando del todo los residuos del temor, estimulando la coquetería y picando la curiosidad.
Hablábase en el mismo baile, en el círculo radical que se formó alrededor de don Victoriano y su esposa, de la salida inmediata para las Vides, a presenciar la vendimia: proyecto que regocijaba al ex-ministro, como regocija a un niño cualquier diversión extraordinaria. Se nombraba a las personas a quienes el hidalgo tenía convidadas o pensaba convidar

para tan alegre época, y al pronunciar Agonde el nombre de Segundo, Nieves alzó los ojos, su rostro se animó, mientras se decía interiormente:
—Es capaz de no ir.

XVI

¡Gran día en las Vides aquel que el Ayuntamiento señala para la vendimia! El año entero transcurre en preparativos y expectación del hermoso tiempo de la cosecha. La parra se ha vestido de púrpura y oro, pero ya va soltando lentamente parte de su rico ornato, como la desposada sus velos al pie del tálamo nupcial: las avispas se encarnizan en los racimos, avisando al hombre de que están maduros; setiembre ostenta la serena placidez de sus últimos días: a vendimiar sin tardanza.

Ni Primo Genday, ni Méndez se dan punto de reposo. Hay que atender a las cuadrillas de vendimiadoras y vendimiadores que vienen de distantes parroquias a alquilarse, distribuirles la labor, organizar el movimiento de la recolección para que resulte armónico y fructuoso. Y es que el trabajo de la vendimia se asemeja algo a una gran batalla, donde se exige al soldado extraordinario desarrollo de energía, despilfarro de músculos y sangre, pero en desquite es preciso tenerle siempre prevenido lo necesario para reparar sus fuerzas en los momentos de descanso. Para que la gente vendimiadora estuviese dispuesta y animada a la penosa faena, importaba que encontrasen a punto, en la bodega, la ancha vasija llena de mosto donde bebiesen a discreción los carretones, al llegar exhaustos de subir el pesado coleiro o cestón henchido de uva por las cuestas agrias; importaba que el espeso caldo de calabazo, condimentado con sebo de carnero, las sardinas arenques y el pan de centeno abundasen cuando los reclamaba el apetito devorador de las cuadrillas; a cuyo fin, ni se apagaba el hogar de las Vides, ni nunca se veían desocupados los calderos enormes donde hervía el rancho.

Si a esto se añade la presencia de huéspedes numerosos y distinguidos, se comprenderá el bullicio del caserón solariego en tan incomparables días. Encerraban sus paredes, aparte de la familia Comba, a Saturnino y Carmen Agonde, al joven y afable cura de Naya, al monumental arcipreste de Loiro, a Tropiezo, a Clodio Genday, al señorito de Limioso y a las dos señoritas de Molende. Hallábanse allí representadas todas las clases y era como microcosmos o breve compendio del mundo de aquella provincia; atraídos los curas por Primo Genday, los radicales por el diputado, y la aristocracia por el mayorazgo Méndez. Y toda esta gente de tan diversa condición, al encontrarse reunida, se dio a divertirse y gozar en la mejor armonía y concordia.

Al júbilo de los vendimiadores respondía como un eco el de los huéspedes. Era imposible resistir a la expansión báquica, a la embriaguez que se respiraba en el aire. Entre los espectáculos deleitosos que la naturaleza ofrece, no cabe otro más grato que el de su fecundidad en la vendimia: aquellos cestos colmados de racimos rubios o del color de la cuajada sangre, que hombres fornidos, casi desnudos, semejantes a faunos, suben y vacían en la cuba o en el lagar; aquella risa de las vendimiadoras escondidas entre el follaje, disputando, desafiándose a cantar desde una viña a otra, desafíos que concluían al anochecer como concluyen todas las expansiones violentas en que se gasta mucho vigor muscular; por desahogos melancólicos, por algún prolongado gemido céltico, algún quejumbroso a-laá-laá... La pagana sensación de bienestar, el rústico regocijo, el contentamiento de vivir, se comunicaban a los espectadores de tan lindos cuadros; y por la noche, mientras los coros de faunos y bacantes bailaban al son de la flauta y la pandereta; el señorío se divertía tumultuosamente, con pueriles retozos, en el caserón:

Dormían las señoritas juntas en una gran pieza destartalada, la sala del Rosario, y a los huéspedes varones les había alojado Méndez en otra sala muy espaciosa, llamada del Biombo, por encerrar uno tan feo como antiguo; sin que de este sistema de acuartelamiento quedase exento más que el arcipreste; cuya obesidad y ronquidos eran tales, que ninguna persona medianamente sensible le podría sufrir por compañero de dormitorio; y con estar así repartida en dos secciones la gente traviesa y maleante; sucedió que vino a armarse una especie de guerra, y que las inquilinas de la sala del Rosario solo pensaban en hacer travesuras a los inquilinos de la del Biombo, resultando de aquí mil chistosas invenciones y divertidas escaramuzas. Entre los dos campos estaba uno neutral: la familia de Comba, respetada en su sueño, invulnerable en materia de bromas pesadas, si bien el bando femenino solía tomara Nieves por confidente e inspiradora.

—Nieves, venga acá... Nieves, mire qué tonta es Carmen Agonde... Mire... dice que le gusta más el arcipreste, ese barril, que don Eugeniño, el de Naya... Porque dice que le da mucha risa ver cómo suda, y aquellas collas de carne que tiene en el cogote... Y diga, Nieves, ¿qué le haremos esta noche a don Eugeniño? ¿Ya Ramón Limioso, que todo el día nos está desafiando?

La que así hablaba era por lo regular Teresa Molende, morena y hombruna, de negros ojos, buen ejemplar de raza montañesa:

—La de ayer nos la han de pagar —añadía su hermana Elvira, la sentimental poetisa:

—¿Pues qué ha sido?

—Ha de saber usted que encerraron a Carmen, ¡son el demonio! La encerraron en el cuarto de Méndez... ¡Lo que no discurren! Le ataron las manos atrás con un pañuelo de seda, le taparon la boca con otro para que no chillase, y me la dejaron allí como el ratón en la ratonera... Nosotros busca que te busca a Carmen, y Carmen sin aparecer... Nosotros echando malos pensamientos... Hasta que va Méndez a acostarse y me la ve allí... Por supuesto que tropezaron con esta boba, que si dan conmigo...

—Lo mismo la encerraban a usted —alegó Carmen.

—¡A mí! —exclamó la amazona enderezando su robusto cuerpo—. ¡Como no fuesen ellos los encerrados!

—Pero si me cogieron la acción... —aseguraba la de Agonde poniendo el rostro compungido de un bebé—. Mire, Nieves, me dijeron así: «Eche las manos atrás, Carmiña, que le vamos a meter en ellas una monedita de cinco duros». Y yo las eché... y ¡fueron tan traidores que me las ataron!

Aquí Nieves hacía coro a las carcajadas de las dos hermanas. Aquella sencillez no se ha de negar que tenía mucho gracejo. Nieves creía vivir en un mundo nuevo donde no existía la rutina, las gastadas fórmulas de la sociedad madrileña. Es verdad que tan candorosos y bulliciosos deportes podían rayar en inconvenientes o groseros, pero a veces eran verdaderamente entretenidos. Desde que se levantaban los huéspedes, a la mesa, por las tardes, todo era solaz y jarana. Teresa se había propuesto no dejar comer en paz a Tropiezo, y con suma destreza cogía al vuelo las moscas y se las echaba disimuladamente en el caldo, o le escanciaba vinagre en vez de vino, o le untaba de pez la servilleta a fin de que se le pegase a la boca. Para el arcipreste tenía otra chanza: la de hacerle hablar de ceremonias, conversación a que era muy afecto, y al verle entretenido retirarle de delante el plato, que equivalía a arrancarle la mitad del corazón.

De noche, en el salón de los espejos turbios, donde el piano y las mecedoras campeaban, formábase una brillante tertulia: se cantaban trozos de anticuadas zarzuelas, como El juramento y El grumete; se jugaban partidas de burro escondido y sin esconder, de brisca con señas y de malilla; cansados de los naipes, acudían a las prendas, al florón, a apurar una letra y a adivinar el pensamiento... Y despierta ya la retozona sangre campesina, se pasaba a juegos físicos, a las cuatro esquinas, a la gallina ciega, que tienen la sal y pimienta del ejercicio, del grito, del encontrón y la palmada...

Recogíanse después excitados aún por el juego, y era la hora más tremenda, la de las grandes diabluras: la hora en que se ataban cerillas encendidas al cuerpo de los grillos, para meterlos por debajo de la puerta del dormitorio; la hora en que se quitaban tablas a la tarima de Tropiezo, para que, al acostarse, se hundiese y diese formidable costalada... Oíanse por los corredores risas, pasos tácitos, y se veían bultos blancos que se escurrían precipitadamente, y puertas que se cerraban con llave y ante las cuales se amontonaban muebles, mientras salía de dentro una voz gruesa y pastosa diciendo:

—¡Que vienen!

—¡Cerrar bien, chicas!... ¡No se abre ni al Espíritu Santo!...

XVII

Segundo fue el último en gozar la hospitalidad de las Vides. Como era poco aficionado a juegos y Nieves tampoco tomaba en ellos parte muy activa, encontraríanse aislados a no ser por Victorina, que no se despegaba de su madre apenas veía próximo a Segundo, y también por Elvira Molende, que desde el primer instante se adhirió al poeta como la enredadera al muro, dedicándole un repertorio de miradas, suspiros, confidencias y vaguedades capaces de empalagar a un mozo de confitería. Al punto y hora en que Segundo pisó las Vides, perdió Elvira todo el vapor de su animación, y adoptó la acostumbrada postura lánguida y sentimental, que hacía parecer más hundidas sus mejillas y más ojerosos y marchitos sus párpados. Recobró su andar la melancólica inclinación del sauce, y dejando a un lado bromas y retozos, se consagró por completo al Cisne.

Como hacía Luna y eran las noches apetecibles para gozadas, así que se ponía el Sol y se acababa el bureo de la labor y las parejas de vendimiadores se reunían a danzar, algunos de los huéspedes se juntaban a su vez en el huerto, especialmente al pie de un paredón que tenía por límite camelios frondosos, o bien se detenían, al regresar de paseo, en algún lugar de esos que convidan a sentarse y a un rato de plática. Sabía Elvira d e memoria muchos versos buenos y malos, por lo regular pertenecientes al género tristón, erótico y elegiaco; no ignoraba ninguna de las flores y ternezas que constituyen el dulce tesoro de la poesía regional; y al pasar por sus delgados labios, por su voz suave, timbrada con timbre cristalino, al entonarlos con su mimoso acento del país, los versos gallegos adquirían algo de lo que la saeta andaluza en la boca sensual de la gitana: una belleza íntima y penetrante, la concreción del alma de una raza en una perla poética, en una lágrima de amor. De tan plañideras estrofas se alzaba a veces irónica risa, lo mismo que el repique alegre de las castañuelas suele destacarse entre los sones gemidores de la gaita. Ganaban las poesías en dialecto y parecía aumentarse su frescura y agreste aroma al decirlas una mujer, con blanda pronunciación, en la linde de un pinar o bajo la sombra de un emparrado, en serenas noches de Luna: y el ritmo pasaba a ser melopea vaga y soñadora como la de algunas baladas alemanas; música labial, salpicada de muelles diptongos, de eñes cariñosas, de x moduladas con otro tono más meloso que el de la silbadora ch castellana. Generalmente, después de haber recitado buen rato, se cantaban canciones: don Eugenio, que era rayano, sabía fados portugueses; y Elvira se pintaba sola para entonar aquella popularísima y saudosa cántiga de Curros, que parece hecha para las noches druídicas, de lunar.

Segundo tembló de vanidad cuando, en turno con los de los poetas conocidos y amados en el país, recitó Elvira de corrido la mayor parte de los cantos del Cisne, impresos en periódicos de Vigo o de Orense. Segundo no había escrito nunca en dialecto, y sin embargo, Elvira tenía un libro donde recortaba y pegaba con engrudo todas las producciones del desconocido Cisne. Y Teresa, terciando en la animada conversación delató, con el mejor propósito, a su hermana.

—Esta también compone. Anda, mujer, di algo tuyo. Tiene un cuaderno así de cosas suyas, discurridas, escritas por ella. Recitó la poetisa, después de los indispensables remilgos, dos o tres cosillas casi sin forma poética, flojas, sinceras en medio de su falsedad sentimental: de esos versos que no revelan facultades artísticas, pero son indicio cierto, infalible, de que el autor o autora siente un anhelo no satisfecho, aspira a la fama o a la pasión, como el inarticulado lloro del párvulo declara su hambre. Segundo daba tormento al bigote; Nieves bajaba los ojos y jugaba con las borlas de su abanico, impaciente y aun algo aburrida y nerviosa. Sucedía esto a los dos o tres días de la llegada de Segundo, el cual todavía no había podido realizar la menor tentativa de decirle a Nieves dos palabras.

—¡Qué señoritas estas tan cursis! —pensaba la de Comba, mientras en voz alta repetía—: ¡Qué bonito, qué tierno! Se parece a unas composiciones de Grilo...

XVIII

No hablaban de versos el mayorazgo de las Vides, ni los Gendays, ni el arcipreste, instalados en el balcón so pretexto de tomar la Luna; en realidad para debatir la palpitante cuestión de vendimia.

¡Buena cosecha, buena! La uva no tenía ni señales de oidium: era limpia, gruesa, y tan sazonada, que se pegaba a los dedos lo mismo que si estuviese regada con miel. De seguro valía más el vino nuevo de aquel año que el viejo del anterior. ¡El anterior fue mucho cuento! ¡Que granizo por acá, que agua por acullá!... Estaba la uva abierta ya con tanto llover y sin pizca de sustancia; resultó un vino que apenas manchaba la manga de la camisa de los arrieros...

Al recordar semejante calamidad, Méndez fruncía su arrugada boca, y el arcipreste resoplaba... Y la conversación seguía, sostenida por Primo Genday, que muy verboso, salivando y riendo, recordaba pormenores de cosechas de veinte años atrás, afirmando:

—La de este año es igualita a la del sesenta y uno.

—Lo mismo, hombre —confirmaba Méndez—. Lo que es el Rebeco no da esta vez menos cargas; y la Grilloa, no sé, no sé si aún nos meterá en casa seis o siete más... ¡Es mucha viña la Grilloa!

Después de tan alegres augurios de pingüe recolección, complacíase Méndez en detallar a su atento auditorio algunas mejoras que introducía en el cultivo: tenía ajustada la mayor parte de sus pipas con arcos de hierro, más costosos que los de madera, pero más duraderos y que ahorraban la pesada faena de preparar y domar arcos a cada vendimia: además pensaba instalar, por vía de ensayo, un lagar con no sé qué hidráulicos artificios, que evitasen el feo espectáculo de la uva pisada por humanos pies; y no queriendo tampoco desperdiciar el bagazo de la uva, destilaría un alcohol refinado, que le había de comprar Agonde a peso de oro para remedios...

Al arrullo de las voces graves que discutían importantes puntos agrícolas en el balcón, don Victoriano, un tanto rendido de su expedición a las viñas, fumaba en la mecedora, sepultado en penosas meditaciones. Desde su regreso de las aguas, sentíase cada vez más débil: la efímera mejoría se evaporaba, creciendo la postración, la bulimia, la sed y la desecación del pobre cuerpo. Recordaba que Sánchez del Abrojo le había indicado cuánto alivio le proporcionaría un ligero sudor, y al observar los primeros días, después de beber el agua sulfurosa, el restablecimiento de esta función de la piel, su alegría no tuvo límites. ¡Mas cuál fue su terror al advertir que la camisa, tiesa y dura, se le pegaba al cutis, como si estuviese empapada en almíbar! Apoyó los labios en un pliegue de la manga y percibió un sabor dulzón. ¡Evidente! ¡Sudaba azúcar! ¡La secreción glicosa era, pues, incoercible, y por tremenda ironía de la suerte, todas las amarguras de su existencia venían a resolverse en aquella extraña elaboración de materias dulces!

Notaba de pocos días a esta parte otro alarmante síntoma. Su vista se alteraba. Al desecarse el humor acuoso del ojo, se le iba empañando el cristalino, y presentábase la catarata de los diabéticos. Don Victoriano sentía escalofríos. Ya le pesaba haberse puesto en las homicidas manos de Tropiezo, y haber tomado las aguas. Indudablemente le erraban la cura. Desde aquel día, régimen severo, dieta de frutas, de féculas, de leche. ¡Vivir, vivir siquiera un año, y ocultar el mal!... Si los electores veían a su diputado ciego y moribundo, ¡ríanse todos con Romero!... ¡El bofetón de perder las elecciones próximas le parecía tan humillante!...

Carcajadas argentinas y exclamaciones juveniles que subían del huerto cambiaron el curso de sus ideas. ¿Por qué Nieves no se hacía cargo del grave estado de su marido? Él quería disimular ante el mundo entero, pero ante su mujer... ¡Ah! ¡Su mujer le pertenecía, su mujer debía estar allí sosteniéndole la frente, acariciándole, en vez de gozar y loquear entre las camelias como una chiquilla! Si era linda y fresca y su marido achacoso, peor para ella... Que se aguantase, como era su deber... ¡Bah, qué disparate! ¡Nieves no le quería; no le había querido nunca!

Las risas y el alboroto aumentaban abajo. Era que, agotados los versos, Victorina y Teresa habían propuesto jugar al escondite. Victorina chillaba a cada momento: —¡Tulé... panda Teresa! ¡Tulé... panda Segundo! —Era el huerto muy adecuado para semejante ejercicio, a causa de su complicación casi laberíntica, debida a estar dispuesto en inclinadas mesetas, sostenidas por paredillas, divididas por tupidísimo arbolado, y comunicadas por escalinatas desiguales, como sucede a las fincas todas en tan accidentado país. Así es que el juego producía gran alborozo, pues difícilmente conseguía el que pandaba acertar con los escondidos.

Procuraba Nieves ocultarse bien, por pereza, por no pandar y tener luego que correr mucho detrás de los demás jugadores. Deparole la fortuna un refugio soberbio, el limonero grande, situado al extremo de una meseta, cerca de varias escalerillas que favorecían la retirada. Se emboscó, pues, en lo más denso de la gruta de follaje, haciendo por disimular su vestido claro. Breves momentos llevaba allí, cuando la oscuridad aumentó y una voz murmuró muy quedo:

—¿Nieves?

—Eh... —chilló asustada—. ¿Quién me busca por aquí?

—No, no la buscan a usted... Solo yo la busco —exclamó enérgicamente Segundo, penetrando en el albergue de Nieves con tanta impetuosidad, que los tardíos azahares que aún blanqueaban en las ramas del corpulento árbol soltaron sus pétalos sobre la cabeza de los dos, y gimió armoniosamente el ramaje.

—Por Dios, García, por Dios... No sea usted imprudente... márchese usted... o déjeme salir... Si vienen y nos encuentran aquí, qué dirán... por Dios...

—¿Qué me vaya?... —pronunció el poeta—. Pero señora, aunque me encuentren aquí... no tendrá nada de particular; hace un rato estuve con Teresa Molende allá detrás de un camelio... o se juega o no se juega... En fin, si usted lo manda, por darle gusto... Pero antes, dígame usted una cosa que necesito saber...

—En otra parte... en el salón... —balbució Nieves, prestando ansioso oído a los lejanos rumores y gritos del juego.

—¡En el salón!... ¡Rodeados de unos y de otros!... No, no puede ser... Ahora, ahora... ¿usted me oye?

—Sí, ya oigo —pronunció ella con voz apagada por el temor.

—Pues la adoro, Nieves. La adoro y usted me quiere a mí.

—¡Chisst!, ¡silencio, silencio! Están cerca... Suenan así como pasos...

—No, son las hojas... Dígame que me quiere, y me voy.

—¡Qué vienen! Por Dios, ¡yo me voy a morir del susto! Basta de broma, García; yo le suplico...

—Sabe usted demasiado que no es broma... ¿Ya no se acuerda usted del día de los fuegos? Si usted no me quisiese, aquel día hubiera apartado el cuerpo... o gritado... usted me mira a veces... me devuelve las miradas... ¡No me lo puede usted negar!

Segundo estaba al lado de Nieves, hablando con arranque fogoso, pero sin tocarla, por más que la embalsamada y rumorosa celda que ocupaban ambos oprimiese blandamente sus cuerpos, como aconsejándoles aproximarse. Pero Segundo se acordaba de las frías y duras ballenas, y Nieves, trémula, se echaba atrás. Trémula, sí, de miedo. Podía llamar a la gente; pero si Segundo no se desviaba, qué disgusto, qué explicaciones, qué vergüenza. Después de todo, el poeta llevaba razón: la noche de los fuegos ella había sido débil, y estaba cogida. ¿Y qué haría Segundo después de oír el sí? Él reiteraba su orgullosa y vehemente afirmación.

—Usted me quiere, Nieves... usted me quiere... Dígalo una vez, una sola, y me marcho...

Dejose oír a corta distancia la voz acontraltada de Teresa Molende, haciendo una especie de convocatoria...

—Nieves, ¿dónde está? Victoriniña, Carmen... adentro, que cae rocío...

Y otro órgano atiplado, el de Elvira, lanzó a los ecos:

—¡Segundo! ¡Segundo! ¡Nos retiramos!

Caía, en efecto, esa mollizna imperceptible que refresca las noches calurosas de Galicia; las hojas charoladas del limonero, en el cual se embutía Nieves para desviarse de Segundo, estaban húmedas de relente; el poeta se inclinó y sus manos encontraron otras heladas de frío y pavor... Apretolas hasta estrujarlas.

—O me dice usted si me quiere...

—¡Pero Dios mío, están llamándonos... me echan de menos... tengo frío!

—Pues dígame la verdad. Si no, no hay fuerzas humanas que de aquí me arranquen... suceda lo que suceda. ¿Tan difícil es decir una palabra sola?

—¿Y qué he de decir, vamos?

—¿Me quiere usted? Sí o no.

—¿Y me deja usted salir... ir a casa?

—Todo... todo... ¿pero me quiere usted?

El sí no se oyó casi. Fue una aspiración, una s prolongada. Segundo le deshacía las muñecas.

—¿Me quiere usted como yo la quiero? Dígalo usted claro.

Esta vez Nieves, con esfuerzo, articuló un sí redondo. Segundo le soltó las manos, se llevó las suyas a la boca en apasionado ademán de gratitud, y saltando por las escalerillas, desapareció entre los frutales.

XIX

Respiró Nieves. Estaba... así... como aturdida. Sacudió las muñecas, doloridas por la presión de los dedos de Segundo, y se compuso el pelo, mojado de rocío y revuelto con el roce del ramaje. ¿Qué había dicho, señor?... Cualquier cosa, para salir de tan grave aprieto... Ella se tenía la culpa, por apartarse de la gente y esconderse en un punto retirado... Y, con ese deseo de dar publicidad a los actos indiferentes, que acomete a las personas cuando tienen que ocultar algo, gritó llamando a todo el mundo:

—¡Teresa! ¡Elvira! ¡Carmen! ¡Carmen!

—¿Dónde está? ¡Nieves! ¡Nieves! ¡Nieves! —respondieron desde varios sitios.

—Aquí... junto al limonero grande... ¡Ya voy!

Cuando entraron en la casa, Nieves, más serena, recapacitaba y se asombraba de sí misma. ¡Decirle a Segundo que sí! Ello había salido medio a la fuerza; pero al cabo, había salido de su boca. ¡Qué atrevimiento el del poeta! Imposible parecía que fuese tan resuelto el chico del abogado de Vilamorta. Ella era una dama de distinción, muy respetada: su marido acababa de ser ministro. Y aquella familia de García... ¡Bah!... unos nadies; el padre usaba cada cuello deshilachado, que daba pena; no tenían criada, las hermanas corrían descalzas a veces... El mismo Segundo, a la verdad... se le notaba muchísimo el aire de provincia, y el acento gallego. No, feo no podía llamársele: tenía algo de particular en la cara y en el tipo... ¡Hablaba con tanta pasión! Como si en vez de rogar mandase... ¡Qué aire de dominio el suyo! Y era lisonjero un perseguidor así, tan entusiasta e intrépido... ¿Quién se había enamorado de Nieves hasta la fecha? Cuatro galanterías, uno que la miraba con los gemelos... Todo el mundo en Madrid la trataba con esa tibieza y consideración que inspiran las señoras respetables...

Por lo demás, no dejaba de comprometerla aquel empeño de Segundo. ¿Se enterarían las gentes? ¿Lo notaría su marido? ¡Bah!... su marido solo pensaba en sus achaques, en las elecciones... Con ella apenas hablaba de otra cosa. ¿Y si se hacía cargo? ¡Qué horror, Dios mío! Y las del escondite, ¿no maliciarían?... Elvira se mostraba más lánguida y suspirona que de costumbre... ¡A Elvira le gustaba Segundo! A él... no; él no le hacía pizca de caso... Y los versos de Segundo sonaban bien, eran lindos; podían figurar en La Ilustración... En fin... Como antes de las elecciones tendrían que marcharse a Madrid, apenas existía peligro grave... Siempre le quedaría un grato recuerdo del veraneo... El caso era evitar, evitar...

No se atrevió Nieves a decirse a sí misma lo que convenía evitar, ni había dilucidado este punto cuando penetró en el salón, donde la partida de tresillo funcionaba ya. Sentose la señora de Comba al piano, y tecleó varias cosillas ligeras, polkas y rigodones, para que bailasen las muchachas. Estas le pidieron a voces otra música:

—Nieves, ¡la muiñeira!

—¡La riveirana, por Dios!

—¿La sabe toda, Nieves?

—Todita. ¿Pues no la he oído en las fiestas?

—A echarla. Venga de ahí.

—¿Quién la echa?

—¿Quién la repinica? ¡A ver, a ver! Alzáronse varias voces delatoras.

—Teresa Molende... ¡juy! Da gusto vérsela bailar.

—¿Y la pareja?

—Aquí... Ramonciño Limioso, que puntea que es un pasmo. Reíase Teresa, con viriles y sonoras carcajadas, jurando y perjurando que había olvidado la muiñeira, que nunca la supo a derechas. De la mesa de tresillo se elevó una protesta: la del dueño de la casa, Méndez. ¡Vaya si Teresiña bailaba bien! Que no se disculpase, que no le valía la disculpa: no había en todo el Borde moza que echase la riveirana con más salero: es verdad que cada día se iba perdiendo la costumbre y el chiste para estas cosas tradicionales, antiguas...

Cedió Teresa, no sin afirmar por última vez su incompetencia. Y después de recogerse con alfileres la falda del vestido para que no le hiciese estorbo, cesó de reír, y adoptó un continente modesto y candoroso, dejando caer el velo de los párpados encima de sus gruesos y ardientes ojos, inclinando la cabeza sobre el pecho, descolgando los brazos a lo largo del cuerpo, e imprimiéndoles leve oscilación, mientras frotaba una contra otra las yemas del pulgar e índice; y así, andando a menudos pasitos, con los pies muy juntos, siguiendo el ritmo de la música, fue dando la vuelta al salón con singular decoro y la mirada puesta en el piso, deteniéndose al fin en el testero. Mientras esto sucedía, el señorito de Limioso se quitaba su chaquet rabicorto, quedándose en mangas de camisa, se calaba el sombrero, y pedía un objeto indispensable.

—Victoriña, las postizas.

Corrió la niña y trajo hasta dos pares de castañuelas. El señorito afianzó el cordón entre los dedos, y previo un arrogante repique, entró en escena. Era la propia estampa de don Quijote en lo seco y avellanado, y como al hidalgo manchego, no se le podía negar distinción y señorío, por más que imitase escrupulosamente los torpes movimientos de los mozos aldeanos. Colocose delante de Teresa, y la requirió con un punteo apresurado, cortés, pero apremiante, análogo a una declaración de amor. Unas veces hería el suelo con toda la planta del pie, otras con el talón o la punta sola, dislocando el tobillo y haciendo mil zapatetas, al par que tocaba briosamente las postizas, que en manos de Teresa respondían con débil y pudoroso repiqueteo. Echando el sombrero atrás, el galán miraba osadamente a su pareja, acercaba el rostro al de ella, la perseguía, la acosaba tiernamente de mil modos, sin que Teresa modificase nunca su actitud humilde y sumisa, ni él su aspecto conquistador, sus gimnásticos y resueltos movimientos de ataque.

Era el amor primitivo, el galanteo de los tiempos heroicos, revelado en aquella expresiva danza cántabra, guerrera y dura; la mujer dominada por la fuerza del varón y, mejor que enamorada, medrosa; todo lo cual resultaba más picante atendido el tipo de amazona de Teresa y el habitual encogimiento y circunspección del señorito. Llegó, sin embargo, un instante en que el galán asomó bajo el vencedor bárbaro, y en medio de los más complicados y rendidos zapateos, dobló la rodilla ante la hermosa, haciendo la figura conocida por punto del Sacramento. Fue instantáneo: púsose en pie de un brinco, y dando a su pareja un halagüeño empellón, quedaron de espaldas el uno al otro, pegaditos, acariciándose y frotando amorosamente hombro contra hombro y espinazo contra espinazo. A los dos minutos se separaron de golpe, y con algunos complicados ejercicios de tobillo y algunas vueltas rápidas que arremolinaron las enaguas de Teresa, acabó la riveirana y estalló en la sala un motín de aplausos.

Mientras el señorito se enjugaba el sudor de la frente, y Teresa se desprendía la falda, Nieves, alzándose del piano, reparó que en el salón no se encontraba Segundo. La misma observación, pero en voz alta, hizo Elvira. Agonde les dio la clave del misterio.

—De seguro que a tal hora está en el pinar, o por la orilla del río... Rara es la noche que no va a dar paseos así, muy extravagantes: en Vilamorta hace lo mismo.

—¿Y cómo se cierra la puerta sin venir él? Ese rapaz es loco —declaró Primo Genday—. No vamos a quedarnos todos sin dormir, teniendo que madrugar para las labores, por causa de un casquivano. ¿Eh, me comprenden? Yo cierro y que se arregle como pueda. ¡Ave María de gracia!

Protestaron Méndez y don Victoriano en nombre de la cortesía y de los deberes de la hospitalidad, y hasta media noche estuvo franco el portal de las Vides, aguardando el regreso de Segundo. Mas como este no volvía, a las doce fue Genday en persona a poner las trancas a las puertas, diciendo entre dientes:

—Ave Mar... Que duerma al sereno si se lo pide el cuerpo. Segundo, en efecto, subía hacia el pinar. Encontrábase muy excitado, y juzgaba imposible presentarse delante de gente ni atender a conversación alguna. Nieves, aquella mujer tan respetada, tan bella, le había dicho ¡que sí! No era, pues, vano sueño, ni aspiración propia de un insensato la tendencia a idea les venturas que atormentaba su espíritu, ni la gloria sería inaccesible cuando el amor estaba ya al alcance de su diestra ansiosa y febril, y con extenderla podía tocarlo. Pensando en esto trepaba por la pendiente senda, y recorría delirante el pinar, recostándose a veces en alguno de los negros troncos, embelesado, sin sombrero, bebiendo el aire nocturno, escuchando como en sueños la misteriosa voz de los árboles y la doliente del río que corría a sus pies. ¡Ah!, ¡qué momentos de dicha, cuánta suprema satisfacción le prometía aquel amor que halagaba el orgullo, excitaba la fantasía y satisfacía su delicado egoísmo de poeta, ávido de pasión, de goces que la imaginación soñadora abrillanta y la musa puede cantar sin mengua! ¡Todo lo soñado hasta entonces en los versos iba a ser real en la vida; y el canto se alzaría más penetrante, y la inspiración alentaría más poderosa, y las estrofas irían trazadas con sangre, haciendo palpitar el corazón de los lectores!

A despecho del deber y la razón, Nieves le amaba... ¡Lo había dicho! El poeta sonrió desdeñosamente pensando en don Victoriano y sintió el gran desprecio del ideólogo hacia el hombre práctico pero inepto en cosas del alma... Luego miró alrededor. Triste estaba el pinar a aquellas horas. Y hacía frío... Además debía ser tarde. En las Vides extrañarían su ausencia. ¿Se acostaría Nieves ya? Con estos pensamientos fue bajando por el difícil sendero, y llegó al portal diez minutos después de que la mano solícita de Genday había afianzado la tranca. El contratiempo no alarmó a Segundo: tendría que escalar alguna pared, y casi le agradaba lo novelesco del lance... ¿Por dónde entraría?

Indudablemente el ingreso más fácil era el del huerto, al cual podía descolgarse por un talud muy rápido que formaba el monte: cuestión de arañarse los muslos, de rozarse las palmas, pero de estar en la posesión antes de diez minutos sin encontrarse con los perros que guardaban el patio, ni con gente, por hallarse deshabitada aquella parte, que correspondía al comedor. Dicho y hecho. Volvió atrás y ascendió, no sin trabajo, al montecillo: ya en él, dominaba la solana y buena parte del huerto. Estudió la bajada para no caer sobre la paredilla y fracturarse acaso una pierna. Como el montecillo era es cueto y sin vegetación, la figura del Cisne se recortaba sobre el fondo del cielo.

Al fijar los ojos en la solana para orientarse, Segundo vio a su vez algo que le turbó los sentidos con suavísimo mareo: algo que le causó uno de esos sobresaltos deleitosos que agolpan toda la sangre al corazón para repartirla después gozosa y ardiente por las venas. En la penumbra de la solana, entre los tiestos, su vista penetrante distinguía, sin que le cupiese la menor duda acerca de la realidad de su visión, una figura blanca, una silueta de mujer cuya actitud parecía indicar que ella también le había visto, que le observaba, que le aguardaba allí.

Velozmente le dibujó la fantasía los trazos y perfiles de la escena: un coloquio, un divino coloquio de amor con Nieves, entre los claveles y las enredaderas, a solas, sin más testigos que la ya poniente Luna y las flor es envidiosas de tanta felicidad. Y con un movimiento prontísimo se echó a rodar por la escarpada pendiente, cayendo sobre la dura paredilla. No hizo caso del golpe, de las descalabraduras ni del molimiento de sus huesos: saltó de la paredilla al huerto y buscó el rumbo de la solana. Los árboles frutales le ocultaban el camino, y dos o tres veces erró la ruta: por fin logró salir al pie de la solana misma, y entonces alzó la vista para cerciorarse de la verdad de la deseada aparición. En efecto, una mujer esperaba allí, ansiosa, vestida de blanco, apoyada sobre el balaustre de madera de la solana; mas ya la distancia no consentía ilusiones ópticas; era Elvira Molende, con su peinador de percal y el pelo tendido, a guisa de actriz que representa la Sonámbula. ¡Con qué afán se inclinaba la pobrecilla! Casi tenía el cuerpo fuera del balcón. Jurara el poeta que hasta le llamaba por su nombre, muy bajo, con ceceo cariñoso...

Y él pasó de largo. Dio la vuelta a todo el huerto, entró en el patio por la puerta interior, que no se cerraba de noche, y llamó estrepitosamente a la de la cocina... El criado acudió, renegando de los señoritos que se recogen tarde porque no tienen que madrugar para abrir la bodega a los pisadores.

XX

Como se prolongaban tanto las vendimias y las faenas de elaboración en la magna bodega de Méndez, y por aquel país el que más y el que menos tiene su poquillo de Borde que vendimiar y recoger, emigraron parte de los huéspedes, deseosos de atender a sus propias viñas. El señorito de Limioso necesitaba ver en persona cómo entre oidium, mirlos, vecinos y avispas no le habían dejado un racimo para un remedio; las señoritas de Molende tenían que colgar por sus mismas manos la uva de su famoso Tostado, célebre en el país; y por razones análogas fueron despidiéndose Saturnino Agonde, el arcipreste y el cura de Naya, quedándose la corte de las Vides reducida a Carmen Agonde, dama de honor, Clodio Genday, consejero áulico, Tropiezo, médico de cámara, y Segundo, que bien podía ser el paje o trovador encargado de distraer a la castellana con sus endechas.

Ardía Segundo en impaciencia febril, nunca sentida hasta entonces. Desde el día del coloquio en el limonero, Nieves rehuía toda ocasión de hallarse a solas con él; y el sueño calenturiento de sus noches, la angustia intolerable que le consumía era no pasar del fugitivo sí, que a veces hasta dudaba haber oído. No podía, no podía resistir el Cisne esta lenta tortura, este martirio incesante: menos desdichado si, en lugar de alentarle, Nieves le pagase con claros desdenes. No era el ansia brutal de victorias positivas lo que así le atormentaba: solo quería persuadirse de que le amaban realmente, y que bajo el acerado corsé latía y sentía un corazón. Y era tal su locura, que cuando todo el mundo se interponía entre Nieves y él, le acometían violentos impulsos de gritar: —«Nieves, ¡dígame usted otra vez que me quiere!»—. ¡Siempre, siempre obstáculos entre los dos; siempre la niña al lado de su madre! ¿De qué servía estar libres de Elvira Molende, que desde la famosa centinela en la solana miraba al poeta con ojos entre satíricos y elegiacos? La marcha de la poetisa quitaba un estorbo, pero no resolvía la situación.

Y Segundo sufría en su amor propio, herido por la reserva sistemática de Nieves, y también en su ambición amorosa, en su ardiente sed de lo imposible. Corría ya la primer decena de octubre; el ex-ministro, abatido y lleno de aprensión, hablaba de marcharse cuanto antes; y aunque Segundo contaba con colocarse luego en Madrid mediante su influjo, y volver a encontrar a Nieves, decíale infalible instinto que entre la persona de Nieves y la suya no existía otro lazo de unión sino la pasajera estancia en las Vides, la poesía del otoño, la casualidad de vivir bajo el mismo techo, y que si no consolidaba aquel devaneo antes de la separación, sería tan efímero como las hojas de la parra, que caían arrugadas y sin jugo.

Despedíase de sus galas el otoño: se veía la rugosa y nudosa deformidad de las desnudas cepas, la seca delgadez de los sarmientos, y el viento gemía ya tristemente despojando las ramas de los frutales. Un día le preguntó Victorina a Segundo:

—¿Cuándo hemos de ir al pinar, a oír cómo canta?

—Cuando gustes, hija... Si tu mamá quiere que sea esta tarde...

La niña sometió la proposición a Nieves. Es el caso que Victorina estaba, de algún tiempo acá, más pegajosa y sobona que nunca con su madre: apoyaba continuamente la cabeza en su pecho, escondía la mejilla en el cuello de Nieves, paseábale las manos por el peinado, por los hombros y, sin causa ni motivo, murmuraba con voz que pedía caricias:

—¡Mamá... mamá!

Pero los ojos de la mujercita en miniatura, entornados, de mirada ansiosa y amante al través de las espesas pestañas, no estaban fijos en su madre, sino en el poeta, cuyas palabras bebía la chiquilla, poniéndose muy colorada cuando él le dirigía cualquier chanza, o daba cualquier indicio de notar su presencia.

Nieves, al principio, se resistió algo, alardeando de persona formal.

—Pero quién te mete a ti en la cabeza...

—Mamá, cuando Segundo dice que los pinos cantan... Cantan, mujer: no te quepa duda.

—¿Pero tú no sabes... —murmuró Nieves, regalando al poeta una sonrisa con más azúcar que sal— que Segundo hace versos, y que los que hacen versos tienen permiso para... para mentir... un poco?

—No señora —exclamó Segundo—: no enseñe usted a su hija errores; no la engañe usted. Mentiras son, generalmente, las cosas que en sociedad hablamos, lo que tenemos que pronunciar con la lengua, aunque nos quede dentro lo contrario; pero en verso... En verso revelamos y descubrimos las grandes verdades del alma, lo que entre gentes hay que callar por respeto... o por prudencia... Créalo usted.

—Y di, mamá: ¿vamos hoy a eso?

—¿A qué, hija?

—Al pinar.

—Si te empeñas... ¡Qué manía de chica! Y es que también me pica a mí la curiosidad de oír esa orquesta...

Solo tomaron parte en la expedición Nieves, Victorina, Carmen, Segundo y Tropiezo. Quedose la gente mayor fumando y presenciando la importante operación de tapar y barrar algunas de las primeras cubas para que se aposentase el mosto, ya fermentado. Al ver salir la comitiva, les dijo Méndez con tono de paternal advertencia:

—Cuidado con la bajada... La hoja del pino, con estos calores, resbala, que parece que está untada de jabón... Dadles el brazo a las señoras... Tú, Victorina, no seas loquita, no corras por allí...

Cosa de un cuarto de legua distaría el famoso pinar, pero se tardaban tres cuartos de hora lo menos en la subida, que era como al cielo, por lo pendiente, estrecha y agria, y a cierta distancia empezaba a alfombrarse de hoja de pino, bruñida, lisa y seca, que si facilitaría probablemente más de lo preciso el descenso, en cambio dificultaba el ascenso, rechazando el pie y cansando las articulaciones del tobillo y rodillas. Nieves, molestada, se detenía de vez en cuando, hasta que se cogió del rollizo brazo de Carmen Agonde.

—¡Caramba... es de prueba este camino! ¡A la vuelta, el que no se mate no dejará de tener maña!

—Cárguese bien, cárguese bien —decía la robusta mocetona—... Aquí ya se rompieron algunas piernas, de seguro... Esta subida pone miedo...

Arribaron por fin a la cima. La perspectiva era hermosa, con ese género de hermosura que raya en sublimidad. Hallábase el pinar, al parecer, colgado encima de un abismo; entre los troncos se divisaban las montañas de enfrente, de un azul ceniciento que tiraba a violeta por lo más alto y remoto; mientras a la otra parte del pinar, la que caía sobre el río, el terreno, muy accidentado, formaba un rapidísimo escarpe, una vertiente casi tajada, si no a pico, al menos en declive espantoso; y allá abajo, muy abajo, pasaba el Avieiro, no sosegado ni sesgo, sino alborotado y espumante, impaciente con la valla que le oponían unos peñascos agudos y negros, empeñados en detenerle y que solo conseguían hacerle saltar con epiléptico furor, partiéndose en varios irritados raudales, que se enroscaban alrededor de las piedras a modo de coléricas y verdosas sierpes imbricadas de plata. A los mugidos y sollozos del río hacía coro el pinar con su perenne queja, entonada por las copas de los pinos que vibraban, se cimbreaban y gemían trasmitiéndose la onda del viento, beso doloroso que les arrancaba aquel ¡ay! incesante.

Los expedicionarios se quedaron mudos, impresionados por el trágico aspecto del paisaje, que les echó a los labios un candado. Solo la niña habló; pero tan bajito como si estuviese en la iglesia.

—¡Pues es verdad, mamá! Los pinos cantan. ¿Oyes? Parece el coro de obispos de La Africana... Si hasta dicen palabras... atiende... así con voces de bajo... como aquello de Los Hugonotes...

Convino Nieves en que efectivamente era musical y muy solemne el murmurio de los pinos. Segundo, apoyado en un tronco, miraba hacia abajo, al lecho del río; y como la niña se aproximase, la detuvo y la obligó a retroceder.

—No, hija... No te acerques... Es algo expuesto: si resbalas y ruedas por esa cuestecita... Anda, apártate.

No ocurriéndoseles ya más que decir sobre el tema de los pinos, se pensó en la vuelta. Inquietaba a Nieves la bajada, y quería emprenderla antes de que el Sol acabase de ponerse.

—Ahora sí que nos rompemos algo, don Fermín... —decíale al médico—. Ahora sí que tiene usted que preparar vendajes y tablillas...

—Hay otro camino —afirmó Segundo saliendo de su abstracción—. Por cierto que bastante menos molesto, y con menos cuestas.

—¡Sí, vénganos con el otro camino! —exclamó Tropiezo, fiel a sus hábitos de votar en contra—. Aún es peor que el que trajimos.

—Hombre, qué ha de ser. Es un poco más largo, pero como tiene menos declive, resulta más fácil. Va rodeando el pinar.

—¿Me lo querrá usted enseñar a mí, a mí que me sé todo este país como mi propia casa? No se anda ese camino: se lo digo yo.

—Y yo le digo a usted que sí; y a la prueba me remito. No ha de ser usted terco en su vida. ¡Si lo pasé no hará muchos días! ¿Se acuerda usted, Nieves, la noche que jugamos al escondite en la huerta; la noche que me cerraron el portal y entré muy tarde ya por la paredilla?

A no estar el lugar tan sombrío por lo espeso de los pinos y lo desmayado y escaso de la luz solar, se vería el rubor de Nieves.

—Vamos —dijo eludiendo la respuesta— por donde sea más fácil y haya mejor piso... Yo soy muy torpe para andar por vericuetos...

Segundo la ofreció el brazo, murmurando en tono de broma:

—Este bendito de Tropiezo está tan fuerte en caminos como en el arte de curar... Venga usted y se convencerá de que ganamos mucho.

Tropiezo, por su parte, decía a Carmen Agonde, meneando con obstinación la cabeza:

—Pues también hemos de tener el gusto de ir por el atajo y llegar antes que ellos, y sanos y buenos gracias a Dios.

Victorina, según costumbre, iba a colocarse al lado de su madre; pero el médico la llamó.

—Cógete aquí, al puño de mi bastón, anda, que si no, resbalarás... A mamá le basta con no resbalar ella... ¡Y Dios nos aparte de un tropiezo! —añadió riendo a carcajadas de su propio retruécano.

Las voces y los pasos se alejaron, y Segundo y Nieves prosiguieron su ruta, sin pronunciar una sola frase. Nieves empezaba a sentir cierto temor, por lo muy endiablado de la vereda que pisaban. Era un senderillo excavado en el desplome del pinar, al borde mismo del despeñadero, casi perpendicular con el río. Aunque Segundo dejaba a Nieves el lado menos expuesto, el del pinar, quedándose él sin tierra en que sentar la planta, y teniendo que poner un pie horizontalmente delante del otro, no por eso cedía el pavor en el ánimo de Nieves, ni le parecía menos arriesgada la aventura: se centuplicó su recelo al ver que iban solos.

—¡No vienen! —murmuró con angustia.

—Les alcanzaremos antes de diez minutos... Van por el otro camino —respondió Segundo, sin añadir más palabra amorosa, ni estrechar siquiera el brazo que se crispaba sobre el suyo con toda la energía del terror.

—Pues vamos —suplicó Nieves con apremiante ruego—... Deseo llegar...

—¿Por qué? —preguntó el poeta, que se detuvo de repente.

—Estoy cansada... sofocada...

—Pues va usted a descansar y a beber si gusta...

Y con loco ardimiento, sin aguardar respuesta, Segundo arrastró a Nieves, torció a la izquierda, bajó una cuestecilla, y dando vuelta a la roca, detúvose en una meseta estrecha que avanzaba atrevidamente sobre el río. A los últimos rayos del Sol se veía rezumar hilo a hilo, por la negra faz del peñasco, un límpido manantial.

—Beba usted, si gusta... en el hueco de la mano, porque vaso no lo tenemos —indicó Segundo.

Nieves obedeció maquinalmente, sin saber lo que hacía, y soltando el brazo de Segundo, quiso acercarse al manantial; pero la base de la roca, continuamente bañada por el agua, había criado esa vegetación húmeda, que resbala como las algas marinas, y Nieves, al apoyar el tacón en el suelo, sintió que se deslizaba, que perdía el pie... Allá, en el fondo de su vértigo, vio el río terrible y mugidor, los cortantes peñascos que habían de recibirla y destrozarla, y sintió el frío ambiente del abismo... Un brazo la cogió por donde pudo, por la ropa, acaso por las carnes, y la sostuvo y la levantó en peso... Dobló ella la cabeza sobre el hombro de Segundo, y este sintió por vez primera latir el corazón de Nieves bajo su mano... ¡Y bien aprisa! Latía de miedo. El poeta se inclinó, y derramó en la boca misma de Nieves esta pregunta:

—¿Me amas, di? ¿Me amas?

La respuesta no se oyó, porque, caso de haberse formado en la laringe, no pudieron los sellados labios articularla. Durante aquel brevísimo espacio de tiempo, que compendiaba, sin embargo, una eternidad, cruzó por el cerebro de Segundo cierta idea poderosa, destructora, como la chispa eléctrica... El poeta estaba de frente al precipicio, y Nieves a su orilla, de espaldas, sostenida únicamente por el brazo de su salvador. Con apretar un poco más los labios, con avanzar dos pulgadas e inclinarse, el grupo caería en el vacío... Era un final muy bello, digno de un alma ambiciosa, de un poeta... Pensándolo, Segundo lo encontraba tentador y apetecible... y no obstante, el instinto de conservación, un impulso animal, pero muy superior en fuerza a la idea romántica, le ponía entre el pensamiento y la acción muralla inexpugnable. Recreábase, en su imaginación, con el cuadro de los dos cadáveres enlazados, que las aguas del río arrastrarían... Hasta presentía la escena de recogerlos, las exclamaciones, la impresión profunda que haría en la comarca un suceso semejante... y algo, algo lírico que se agitaba y latía en su alma juvenil, le aconsejaba el salto... pero a la vez, un frío temor le congelaba la sangre, obligándole a caminar poco a poco, y no hacia el abismo, sino en sentido contrario, hacia la senda...

Todo esto, breve en la narración, fue momentáneo en el cerebro. Segundo advertía en sí un hielo, que le paralizaba para el amor como para la muerte... Era la yerta boca de Nieves, desmayada en sus brazos...

Mojó el pañuelo en la fuente, y se lo aplicó a sienes y pulsos. Ella entreabría los ojos. Se oía hablar a Tropiezo, reír a Carmen: venían sin duda a buscarles y a cantar victoria. Nieves, al recobrar los espíritus y verse con vida, no hizo el menor movimiento para apartarse del poeta.

XXI

Como por tácito acuerdo, los dos héroes de la aventura disminuyeron la importancia del peligro corrido, primero ante sus compañeros de excursión, después ante el senado consulto de las Vides. Segundo guardaba cierta reserva sobre los detalles del caso; Nieves, en cambio, hablaba más que de costumbre, con nerviosa locuacidad, repitiendo cien veces los mismos insignificantes pormenores: había resbalado; García le tendió la mano; ella se cogió, y como era así, medrosa, se asustó un poquillo, por más que la cosa no lo merecía... Pero el terco de Tropiezo, con mansa sorna, le llevó la contraria. ¡Jesús, qué disparate! ¡No haber peligro! ¡Pues si era un milagro que Nieves no estuviese a estas horas nadando en el Avieiro! El terreno resbala allí como jabón puro, y las piedras de abajo cortan como cuchillos, y el río lleva una fuerza, que no sé... Nieves negaba, haciendo por reírse; mas el terror de la catástrofe duraba escrito en su rostro con tan indelebles rasgos, que su fresca fisonomía, de sana y caliente palidez, se había convertido en un rostro ojeroso, deshecho, un cuerpo agitado por escalofríos y espasmos, de esos que llaman muerte chiquita...

Ansiaba Segundo decirle dos palabras, para pedirle una entrevista: comprendía que era preciso aprovechar el primer instante en que la gratitud y la pavura ablandaban el alma de Nieves, haciendo palpitar su insensible corazón bajo las ballenas de su corsé. En la breve escena del precipicio apenas dio lugar la llegada de Tropiezo para que Nieves correspondiese explícitamente al arrebato del poeta, y Segundo quería concertar algo, arbitrar un medio para verse, para hablarse, para establecer de una vez que aquellos afanes, desvelos e intrigas eran amor, y amor correspondido: mutua pasión, en fin... ¿Dónde y cuándo lograría la apetecida ocasión de ponerse de acuerdo con Nieves?

Diríase que existe en toda historia amorosa un primer período en que los obstáculos se amontonan y las dificultades renacen pujantes e invencibles, desesperando al galán propuesto a vencerlas; y también que llega siempre otro segundo período en que la fuerza misteriosa del deseo y el dinamismo de la voluntad derrocan esos estorbos, y las circunstancias, momentáneamente sometidas, se ponen al servicio de los amantes. Así aconteció la noche de aquel memorable día. Como la niña se había asustado algo al saber el peligro de su madre, hiciéronla acostarse temprano; y para que cogiese fácilmente el sueño, la acompañó Carmen Agonde dispuesta a contarla cuentos y simplezas. Suprimidos así los principales testigos, y engolfados los señores mayores en una de sus interminables discusiones vitícolas, agrícolas y sociológicas, Nieves, que había salido al balcón a respirar porque sentía como un nudo en la garganta, pudo charlar diez minutos con Segundo, situado a la parte de afuera, entre las vidrieras y no lejos de las mecedoras.

A veces, ambos interlocutores levantaban la voz, tratando de cosas indiferentes: del riesgo de por la tarde, de lo curioso que era el ruido del pinar... Y bajito, muy bajito, la negociación diplomática del poeta seguía su curso... Una entrevista, una conversación con cierta libertad... ¡Pues no había de poder ser!... ¿Y por qué no en la solana, aquella misma noche?... ¡Bah!, nadie tendría el capricho de ir por allí a curiosear lo que pasaba... Él se descolgaría fácilmente al huerto... ¿Que no? Era muy medrosa... ¿Hacer mal? ¿Por qué?... Cansada y así como enferma... Sí, se comprende. Prefería que fuese de día... Bien; mejor sería del otro modo, pero... ¿Sin falta? ¿A la hora de la siesta? ¿En el salón?... No, no venía gente nunca;

todo el mundo dormía... ¿Palabra formal? ¡Gracias! Sí, convenía disimular para que, no se hiciesen cargo.

Entretanto, los señores de la mesa de tresillo, hablaban de las vendimias y de sus consecuencias... Las pobres muchachas del país ganaban bastante en aquella labor: pero ¡bah!, murmuró Tropiezo riéndose: no ganaban solo dinero... Ganaban a veces otras cosas... Con esto de andar las cuadrillas mezcladas, y de retirarse de noche, por los caminos oscuros, resultaba que... Ya era axiomático en el país que los hijos del carnaval y de la vendimia no tienen padres conocidos. A propósito de lo cual, don Victoriano emitió algunas ideas de su repertorio favorito, citando la legislación inglesa, alabando la sabiduría de aquella gran nación, que al reglamentar el trabajo material, estudia detenidamente los problemas que entraña, y se preocupa de la suerte del niño y de la mujer... Con estas serias disquisiciones se acabó la velada, retirándose cada mochuelo a su olivo.

Sentada Nieves ante la mesita donde tenía abierto su neceser y colocado un espejillo de pie con marco de plata, iba desprendiendo una a una las horquillas de concha que sujetaban las roscas de su moño, y Mademoiselle recogía y alineaba las horquillas primorosamente en un estuche... Entrenzó después el pelo a Nieves, y esta se echó atrás, respirando con esfuerzo; de pronto, alzó la cabeza.

—¿Si me pudiese usted hacer una taza de tila?... ¿Allá en su cuarto... sin molestar?

Salió la francesa, y Nieves, muy cavilosa, apoyó el codo en la mesa y la mejilla en la palma de la mano, sin dejar de mirarse al espejo... Estaba con una cara de desenterrada, que imponía. No, aquella vida no podía continuar, o de lo contrario la llevarían al cementerio... Encontrábase nerviosísima: ¡qué escalofríos, qué desazón, qué momentos tan amargos! Había visto la muerte cara a cara, y pasado más sustos, más recelos, más congojas en un día que en todos los años anteriores de su existencia. Si eso era el amor, a la verdad tenía poco de divertido: no servía ella para tales agitaciones... Una cosa es que agrade parecer bonita y oírlo, y aun poseer un rendido apasionado, y otra estas angustias incesantes, estas aventuras que le ponen a uno el alma en un hilo y le colocan a dos dedos de la vergüenza, y le quebrantan el cuerpo... Y aseguran los poetas que esto es la felicidad... Será para ellos: lo que es para las pobres mujeres... Y vamos a ver, por qué carecía ella de valor para decirle a Segundo: ¡acabemos, no puedo con estas zozobras, tengo miedo, lo paso muy mal! ¡Ah! También le tenía miedo a él... Era capaz de matarla: sus hermosos ojos negros despedían a veces chispas de electricidad y vislumbres fosfóricas. Y luego él siempre le cogía la acción, se imponía, la dominaba... Por él estuvo a punto de caer en el río, de despedazarse en las rocas... ¡María Santísima! ¿Pues hacía media hora, no faltó poco para otorgarle la cita en la solana? Lo cual era una grandísima locura, siendo imposible dirigirse a aquel rincón de la casa sin que Mademoiselle, o cualquiera, la echase de menos y se descubriese el pastel. ¡Ay, Dios mío! ¡Todo aquello era terrible, terrible! ¡Y mañana tenía que acudir al salón, a la hora de la siesta!... Ea, una resolución enérgica: acudiría, corriente; pero acudiría a desatar aquel enredo, a decir a Segundo cuatro verdades para que se contuviese: amarla, concedido; no se oponía, muy bueno y muy santo; comprometerla de aquel modo, eso era inaudito; le rogaría que se volviese a Vilamorta; ellos ya se irían pronto a Madrid... ¡Ah!, ¡cuánto tardaba aquella bendita Mademoiselle con la tila!

La puerta se abrió... No entró Mademoiselle, sino don Victoriano. Nada tenía de sorprendente su aparición, pues dormía en una especie de despachito, al lado del cuarto de su mujer y dividido de este por un corredor, y todas las noches, antes de recogerse, daba un beso a la niña, cuyo lecho estaba pegado al de su madre; sin embargo, a Nieves se le puso carne de gallina, y por instinto se volvió de espaldas a la luz, tosiendo a fin de disimular su turbación.

La verdad es que don Victoriano venía grave, y aun algo fosco y severo... No andaba muy alegre ni expansivo desde el recrudecimiento de su enfermedad; pero sobre su aire abatido resaltaba entonces no sé qué cosa, un velo más negro aún, un nubarrón preñado de tempestades... Nieves, observando que no se acercaba a la cama de la niña, bajó los ojos y fingió alisarse el pelo con el batidor de marfil.

—¿Cómo te encuentras, hija? ¿Te dura el susto? —preguntó el marido.

—Sí; aún estoy un poquillo... He pedido tila.

—Bien hecho... Mira, Nieves...

—¡Qué... qué!...

—Mira, Nieves, nos vamos a Madrid cuanto antes.

—Cuando tú digas... Ya sabes que yo...

—No; si es que es necesario, indispensable; es que yo tengo que ponerme formalmente en cura, hija, porque me acabo si así continúo... He incurrido en la debilidad de confiarme a este bestia de don Fermín, Dios me perdone... y creo... —añadió con amarga sonrisa— que me ha embromado... Veremos si Sánchez del Abrojo me saca del paso... ¡que lo dudo bastante!

—Jesús, qué aprensión! —exclamó Nieves, respirando y aprovechando el recurso de la enfermedad—. ¡No parece sino que tienes males incurables! En poniendo el pie allá y tomándote Sánchez de su cuenta... dentro de dos meses ni te acuerdas de ese achaquillo.

—¡Bravo, hija, bravo! Yo no quisiera lastimarte ni parecerte regañón... pero eso que dices... eso que dices prueba que ni me miras, ni te importa un bledo mi salud, ni me haces caso alguno... lo cual, francamente... dispensa... pero ¡no te honra! Mi mal es grave, muy grave... es la diabetes sacarina, que se lleva las gentes al otro mundo bonitamente... Estoy convertido en azúcar... se me debilita la vista... me duele la cabeza... no tengo sangre... y tú ahí; tan serena, tan alegre, retozando como una niña... Eso no lo hace la mujer que quiere a su esposo... A ti no te ha preocupado mi estado físico, ni mi estado moral... Estás gozando, pasando una temporada divertidísima... y lo demás... ¡buen cuidado te da a ti!

Nieves se levantó trémula, casi llorando...

—¿Qué me dices?... Yo... yo...

—No te alteres, hija; no llores... Tú eres joven y sana, yo estoy muy gastado y achacoso... Peor para mí... Pero oye... Aunque te parezca seco y grave... yo te quise mucho, Nieves... te quiero aún... tanto como a esa niña que está ahí durmiendo... lo juro delante de Dios... Y tú podías... podías quererme algo... como una hija... e interesarte por mí... Será poco tiempo ya de molestia: me siento tan enfermo...

Nieves se acercó en actitud cariñosa, y su marido le rozó la frente con los denegridos labios, apretándola al mismo tiempo contra sí... Y añadió:

—¡Aún tengo que hacerte otra advertencia... echarte otro sermón, hija!

—¿Cuál? —murmuró la esposa sonriendo, pero azorada.

—Ese chico de García... No te sobresaltes, hija, que no es para tanto... Ese chico... te mira algunas veces de un modo raro... como si te hiciese el amor... ¡No, si yo no dudo de ti! Has sido y eres una señora intachable... no te acuso... ni le doy importancia a semejante necedad... Es que... te parecerá mentira... estos chicos de aquí son muy atrevidos; tienen menos soltura para presentarse, pero en el fondo más osadía que los de la corte... Yo pasé aquí mis años verdes, y les conozco... Solo te aviso para que pongas a raya a ese mequetrefe... En los días que nos quedan, suprime los paseos largos y todas esas cursilerías que aquí se hacen... Una dama como tú es, en este sitio, la reina; y no está bien que contigo se tomen las bromas que con las señoritas de Molende u otras así... ¡Si ya te he dicho que no me cruza ni por el pensamiento la idea! Una cosa es que ese Cisne de lugar se haya enamorado de ti y te dé la mano en los despeñaderos; otra que yo te injurie... ¡Hija!

Poco después se presentó Mademoiselle con la tila humeante. ¡Buena falta que le hacía la tila a Nieves! Tenía los nervios más tirantes... Estaba convulsa. Hasta náuseas la atacaron al beber las primeras cucharadas. Mademoiselle le ofreció un poco de poción anti-histérica. Tragola Nieves, y con algunos bostezos y dos o tres lagrimillas se alivió su crisis. Pensó en acostarse, y entró en la alcoba. Allí vio algo que renovó su desasosiego. Victorina, en vez de dormir, tenía los ojos abiertos. Probablemente habría oído la conversación.

XXII

Y en efecto, la había oído toda, todita, desde la primer palabra hasta la última. Y las frases del diálogo conyugal daban vueltas en su magín, rodando, entrelazándose, destacándose en letras rojas, impresas en su memoria virgen. Las repasaba, las comentaba interiormente, las pesaba, hacía deducciones...

Nadie acertará a decir cuál es el momento crítico que divide la noche del día, el sueño de la vigilia, la juventud de la madurez y la inocencia del conocimiento. ¿Quién es capaz de fijar el instante en que el niño, convirtiéndose en adolescente, nota en sí ese algo inexplicable que acaso pueda llamarse conciencia sexual; en que el vago presentimiento se trueca en rápida intuición; en que, sin tener noción precisa de las realidades concretas del vivir, adivina todo lo que más tarde le ha de confirmar y puntualizar la experiencia; en que entiende la importancia de una indicación, la trascendencia de un acto, el carácter de una relación, el valor de una mirada o el sentido de una reticencia? ¿El minuto en que sus ojos, abiertos solamente a la vida exterior, adquieren facultades para escudriñar también la interior, y perdiendo su brillo superficial, el claro reflejo de su pureza candorosa, toman la concentrada e indefinible expresión que constituye una mirada de persona grande?

Llegó para Victorina ese minuto a los once años, aquella noche, sorprendiendo un diálogo entre su padre y su madre. Inmóvil, sujetando la respiración, con los piececillos fríos y la cabeza ardorosa y congestionada, la niña escuchó, y después, en la dudosa penumbra de la alcoba, ató algunos cabos sueltos, recordó pormenores, y comprendió al fin, sin darse mucha cuenta de lo que comprendía, pero discurriendo con precocidad singular, debida acaso a la dolorosa viveza con que la fantasía trabajaba en el silencio nocturno y en la quietud del lecho...

Es lo cierto que la niña pasó mala noche, dando vueltas en su monástica y breve camita. Dos ideas, sobre todo, se le iban introduciendo y le barrenaban la cabeza a manera de clavos. Su papá estaba muy enfermo, muy enfermo, y además muy disgustado y quejoso porque Segundo se había enamorado de su mamá... De su mamá. ¡De ella no! ¡Ella, que guardaba todas las flores de Segundo como reliquias!

Las penas de la infancia no conocen límite ni consuelo. Cuando se tienen más años y se han corrido más tormentas y se ha visto con asombro que el hombre puede sobrevivir a ciertos pesares y que la bóveda del firmamento no se hunde cuando perdemos lo que amábamos, entonces casi no existe la desesperación absoluta, patrimonio de la primera edad. Para Victorina era evidente que su papá se moría y que su mamá era muy mala... y Segundo un bribón... y que se acababa el mundo... y que ella también, también se quería morir. Si a los once años de edad fuese posible volverse el pelo blanco, Victorina se cubriría de canas durante la noche en que el sufrimiento la hizo, de niña, mujer, y de criatura indecisa, tímida, ruborosa, persona moral, resuelta al mayor heroísmo.

Tampoco Nieves gozó mucho los blandos favores del sueño. Las palabras de su marido la dejaron meditabunda. ¿Sería mortal la enfermedad de don Victoriano? ¡Tal vez sí! Estaba muy desmejorado el pobre... Y Nieves experimentaba un comienzo de pena y reconcomio: señor, ¿quién duda que ella quería a su esposo y temía su muerte? No sentiría por él un amor grande, de los que las novelas pintan... ¡bah!... pero cariño, sí... ¡Ojalá que el mal fuese leve! ¿Y si no lo era?... ¿Y si se quedase vi...? Ni aun mentalmente se atrevía a concluir la palabreja... Pensar en eso, parece ya alimentar malos deseos... No, pero el caso es que las mujeres, en efecto, al morírseles sus maridos, suelen quedarse vi... ¡María Santísima! Debía ser una gran desgracia... Bien; ¿y si sucedía? Segundo... ¡Jesús, qué desatino! De fijo que a él no se le había pasado por la cabeza semejante absurdo... Los Garcías, unos nadies... Y aquí volvía Nieves a repasar la parentela, el modo de vivir de Segundo...

De buena gana haría novillos a la cita del día siguiente, por que su marido andaba receloso, y era comprometido el lance, aunque en el lugar designado para la entrevista siempre se podría achacar a casualidad el encuentro... Y por otra parte, si faltaba, aquel Segundo tan apasionado sería muy capaz de dar un escándalo, de ir a buscarla a su cuarto, de entrar por la ventana.

Bien pensado, juzgó más prudente asistir, y rogar a Segundo... que... que la olvidase... que por lo menos, no la comprometiese... Era lo mejor.

Pasó Nieves la mañana en un estado de quebrantamiento tan grande, que apenas comió; y, durante la comida, no miró ni una sola vez a Segundo, temerosa de que su marido observase y sorprendiese entre ellos alguna furtiva señal de inteligencia. Para mayor desgracia, Segundo, deseoso de recordarla con los ojos su promesa, la miró aquel día más que de costumbre: afortunadamente, don Victoriano parecía distraído por su apetito desordenado de comer y beber. Acabada la comida, se retiraron todos, como siempre, a descabezar la siesta. Nieves tomó el camino de su cuarto. Encontró en él a Victorina, tendida sobre la cama. Por precaución, la hizo preguntas.

—¿Vas a dormir la siesta, monina?

—A dormir, no... Pero estoy a gusto así...

Mirose Nieves al espejo, y se vio descolorida. Se lavó los dientes, y después de cerciorarse con una rápida ojeada de que también reposaba su marido en el cuarto inmediato, se deslizó hasta el salón a paso ligerísimo... Temblaba. Aquella atmósfera de tempestades y peligros, grata para el ave marina, era mortal para el lindo pájaro doméstico. No era vivir estar siempre así, escalofriada de terror y con la sangre cuajada por el susto. ¡No era vivir, ni respirar!... Acabaría por volverse loca: ¿pues no creía sentir pasos, como si alguien la siguiese? Dos o tres veces se paró, reclinándose desfallecida en las paredes del corredor, prometiéndose a sí misma que no la cogerían en otra.

Al entrar en el salón, se detuvo sobrecogida. ¡Estaba tan silencioso y soñoliento, medio a oscuras, con las maderas casi cerradas —que solo permitían el paso a un rayo de Sol en que danzaban áureas partículas de polvo—, con sus espejos narcotizados que tenían pereza de reflejar algo en sus turbias lunas, con la modorra del asmático reloj, cuya esfera parecía un rostro humano que la espiaba y tosía desaprobándola!... De pronto sintió pisadas veloces, juveniles; y Segundo, audaz, enloquecido, vino a caer a sus plantas, con los brazos enlazados en torno de su cuerpo... Ella quería contenerle, avisarle, explicarle... No se lo consintió el poeta, que pronunciaba tiernas exclamaciones de gratitud y de pasión, y, ya en pie, la levantaba del suelo, con el irresistible impulso amoroso que no calcula los actos.

Don Victoriano, al ver entrar en su aposento a la niña, blanca como la cera, casi lívida, despidiendo fuego por los ojos, en una de esas actitudes de horror que ni se fingen ni se imitan, saltó de la cama donde, despierto, fumaba un puro... La niña le decía con voz ahogada:

—¡Ven, papá!... ¡Ven, papá!

¿Qué pasaría por la mente del padre? Jamás se supo el porqué siguió a la niña, sin dirigirla ni una leve pregunta. En el umbral del salón, detúvose el grupo... Nieves exhaló un chillido altisonante, y Segundo, con hermoso arranque varonil y apasionado, la escudó con su cuerpo... Defensa innecesaria ya. La figura de hombre detenida en la puerta no amenazaba: lo que de ella infundía miedo, era cabalmente su actitud de estupor y anonadamiento: parecía un cadáver, un espectro abrumado de desesperación impotente. El rostro, más que amarillo, verde; los ojos abiertos, nublosos y fijos; las manos y rodillas trémulas... Aquel hombre hacía vanos esfuerzos para hablar; la parálisis empezaba por la lengua: inútilmente intentaba revolverla en la boca, formando sonidos... ¡Lucha horrible! Pugnaba la frase por salir de los labios, y no salía: la faz, de lívida, pasaba a roja, congestionándose, y la niña, abrazando la cintura de su padre, viendo aquel combate de la inteligencia con los órganos, gritaba:

—¡Socorro! ¡Socorro! ¡Se muere papá!

Nieves, sin osar acercarse a su marido, pero comprendiendo que en efecto algo grave le sucedía, chilló también pidiendo socorro. Y fueron apareciendo por las puertas Primo Genday en mangas de camisa, Méndez con un pañuelo de algodón atado sujetando las orejas, Tropiezo con los pantalones a medio abrochar...

Segundo, silencioso, quieto en mitad de la sala, no sabía qué hacer de su persona: el irse, era desairado; el quedarse... Tropiezo le sacudió:

—Anda, chico, volando a Vilamorta... Dile a Doroteo el del coche que salga a Orense y traiga un médico de allá, el de más nombre... ¡Yo no quiero este tropieciño! —indicó guiñando un ojo—. Corre, disponte.

El Cisne se acercó a Nieves, que derrumbada en el sofá, lloraba, con su fino pañuelo apoyado sobre la boca.

—Me mandan a buscar un médico, Nieves. ¿Qué hago?

—¡Vaya usted!

—¿Vuelvo?

—No... déjeme usted por Dios... ¡Que venga, que venga el médico! —Y sollozó más fuerte.

* * *

Por pronto que anduvo, hasta la madrugada del día siguiente no llegó el facultativo a las Vides. Opinó que el caso no era extraordinario: la diabetes suele terminar así, con parálisis seguida de derrame seroso: una de las complicaciones más frecuentes en tan temible enfermedad... Añadió que era conveniente trasladar a Orense al enfermo, con precauciones. La traslación se hizo sin grandes dificultades, y don Victoriano aún vivió unos días. A las veinticuatro horas de su entierro, Nieves y Victorina, rigurosamente enlutadas, salieron para la corte.

XXIII

Sobre Vilamorta ha caído el negro cortinaje del invierno. Llueve, y por la calle principal y la plaza, empapadas y cubiertas de sucio barro, solo cruza, de tiempo en tiempo, algún campesino invisible bajo su capa de juncos, jinete en un rocín cuyas herraduras baten el suelo y alzan un chapoteo de fango. Ya no hay fruteras, por la plausible razón de que tampoco hay fruta: todo está solitario, húmedo, enlodado y mohoso. Cansín, con zapatillas de orillo y bufanda, se pasea sin cesar ante su puerta por evitar los sabañones; el alcalde aprovecha un reducidísimo soportal que hay frente a su casa para entretener la tarde, dando diez pasos hacia arriba y diez hacia abajo, patear muy fuerte y calentarse los pies; ejercicio sin el cual afirma que no digiere.

¡Ahora sí, ahora sí que la pobre villita está muerta! Ni agüistas, ni forasteros, ni ferias, ni vendimias... Una paz, un abandono de cementerio y una humedad tan terca, que deja rastros verdes en los sillares de las casas en construcción. Las villitas así, en invierno, son capaces de producir murria al más alegre: son la raíz cuadrada del fastidio, la quintaesencia del esplín, la desidia de peinarse, la pereza de vestirse, la interminable noche, el aguacero terco, el frío lúgubre, el aire color de ceniza y el cielo color de panza de burro...

En medio de aquella especie de sueño letárgico que duerme Vilamorta, hay, sin embargo, unos seres felices, unos seres en la plenitud de su ventura, aunque próximos a concluir su existencia del más trágico modo: seres que, con solo el instinto natural, han adivinado la moral de Epicuro y la practican, y comen y hozan y se regodean, y no temen a la muerte ni piensan en la inexplorada región cuyas puertas se abren al morir; seres que gozan en recibir el agua llovediza en su estirado pellejo; seres para quienes el lodo es baño deleitosísimo donde muy gustosos se chapuzan y revuelcan, abandonando la incomodidad y estrecho de sus cubiles y pocilgas. Ellos son, en esta época del año, dueños y señores indiscutibles de Vilamorta: ellos, los que con sus fastos y hazañas dan pábulo a la conversación de las boticas y entretienen las veladas familiares, en que se discute su respectiva corpulencia y se les estudia desde el punto de vista de sus cualidades propias, trabándose acaloradas discusiones acerca de si la oreja corta o larga, el rabo bien enroscado, la pezuña más o menos recogida y el hocico más o menos agudo, prometen carne más suculenta y grasa más copiosa. Hácense comparaciones: el marrano del Pellejo es soberbio como tamaño, pero sus carnes de un rosa erisipelatoso y su bandullo inmenso y fofo delatan al cerdo de fibra muelle, mantenido con despojos de tahona: cochino soberbio, el del alcalde, cebado con castaña: algo más chico, pero ¡qué jamones ha de tener!, ¡qué jamones!, ¡qué tocinos!, ¡qué lomos, que dan ganas de sentarse en ellos! Ese será el cerdo de la temporada. Sin embargo, hay quien afirma que el superior, el soberano marranil de Vilamorta, es la cerda de la tía Gaspara, la de García. Las ancas de tan magnífico bestión parecen una carretera: ya ha estado a punto de ahogarse con su propia gordura: sus glándulas mamarias tocan con las pezuñas y besan el barro de la calle. ¿Quién puede calcular las libras de grasa que rendirá, ni las morcillas que se llenarán con su sangre y la longaniza que saldrá de sus asaduras?

Cesa de llover una semana; arrecia el frío; cae helada y la escarcha se deposita en tersos cristales sobre las yerbas de los linderos y endurece la tierra... Es la señal de la hecatombe, a la cual todos los auspicios son favorables, pues además del frío, es cuarto creciente de Luna; que si fuese menguante, menguaría la carne muerta... Ha llegado la hora de empuñar el cuchillo. Y en las largas noches de Vilamorta se oyen a la hora menos pensada desaforados gruñidos: primero de furor, que indican la impotente rabia de verse sujeto al banco, y revelan en el enervado cerdo doméstico la prole del jabalí montés; luego de dolor, cuando la cuchilla penetra al través de los tejidos; un grito casi humano, de suprema agonía, cuando la hoja se hunde en el corazón; y, por último, una serie de quejidos desesperados, que van debilitándose al paso que la fuerza y la vida se escapan envueltas en el caliente chorro sanguíneo...

Ocurría este drama espeluznante en casa del abogado García a las once de una glacial y serena noche de diciembre. Las niñas, locas de gozo, muertas de curiosidad, se atropellaban alrededor del agonizante cerdo, en cuyo corazón y garganta sepultaba el cuchillo el matachín, de arremangados brazos. Segundo, encerrado en su dormitorio, tenía delante pliegos de papel más o menos emborronados... ¡Hacía versos! Mas como llegase hasta él el ruido de la tragedia, soltó la pluma con desaliento. Había heredado de su madre un profundo horror al espectáculo de la matanza: a su madre solía costarle diez o doce días de padecimientos, en que no probaba bocado, asqueada por la vista de la sangre, de los intestinos y vísceras, tan semejantes a intestinos y vísceras humanas, por el olor groseramente aperitivo y excitante del mondongo y de las especias, por las pingüedinosas moles de tocino pendientes del techo... Aborrecía Segundo hasta el nombre del cerdo, y en el estado enfermizo de su ánimo, en la excitación nerviosa que le consumía, era para él no imaginado suplicio el no conseguir poner el pie fuera de casa sin tropezarse, sin enredarse en los malditos y repugnantes animales, o ver, a través de las puertas entreabiertas, trozos de sus cadáveres suspendidos en garfios. Todo Vilamorta trascendía a muerte de cerdo, a vaho de mondongada: Segundo no sabía ya dónde meterse, y se acuartelaba en su aposento con las puertas y las ventanas bien cerradas, aislándose del mundo exterior, para vivir con sus sueños y fantasías en un país donde no había marranos y solo existían pinares, flores azules, precipicios... ¡Insuficiente precaución para librarse del tormento de aquella época brutal del año, puesto que el drama de la glotonería y de la materia le asediaba allí, en su misma casa!... El poeta cogió el sombrero y salió de estampía. Necesitaba huir donde no oyese aquellos gruñidos, ni le envolviesen aquellos olores. Pasó de largo por el zaguán, cerrando los ojos para no ver, a la luz del candil que sustentaba una de las chiquillas, a la tía Gaspara con su brazo de esqueleto desnudo hasta el codo, agitando en un barreñón un líquido rojo y espumante. Al ver salir a Segundo, las hermanas soltaron el trapo riéndose a carcajadas, y le llamaron ofreciéndole regalos grotescos, innobles despojos del moribundo...

Leocadia no se había acostado: sentíase indispuesta, y dormitaba envuelta en un gran mantón, transida de frío; prestamente abrió la puerta a Segundo, preguntándole alarmada si le sucedía algo. Nada, a la verdad... En casa de Segundo estaban matando el cerdo: noche toledana; no le dejarían dormir... Hacía además tanto frío aquella noche... que se encontraba no muy bien, así como pasmado... Que le hiciese una tacita de café, o mejor un ponche de ron...

—Las dos cosas, corazón. Enseguidita.

Recobró Leocadia su actividad y brío como por ensalmo. Pronto ascendió de la ponchera la llama color de zafiro del ponche; a su reflejo traidor, la cara de la maestra parecía muy demacrada. Faltábale aquel aspecto saludable, aquel tono suyo, moreno caliente, como de corteza de pan. La madurez femenina, la crisis fatal de los últimos años de amor, se leía en el semblante empalidecido, en el brillo febril de la mirada, en el cárdeno tinte de los labios. Sobre la prosa de sus facciones vulgarísimas imprimía el dolor sello casi poético; como había enflaquecido, resultaban mayores sus ojos; ya no era la mujerona de buenas carnes, limpia y fresca de boca, que picada de viruela y todo aún arrancaba al tabernero un requiebro bestial; abrasábala el fuego interior de una pasión postrera, la más poderosa, la que ni vence la razón, ni borran los años, ni puede cambiar de objeto; la que hinca sus garras en las entrañas y no suelta la presa sino cuando ya la ha matado.

Y tenía esta pasión tan extraño carácter, que siendo insaciable, volcánica, desesperada, lejos de dictar a Leocadia actos de violencia y arrancarle rugidos de leona, le inspiraba una abnegación y generosidad sin límites, suprimiéndole por completo el egoísmo. Horribles habían sido para ella los días del verano, las vendimias, todo el tiempo en que apenas veía a Segundo, en que le constaba que no se acordaba de ella, que se consagraba a otra mujer; ¡y sin embargo, ni salió de su boca una palabra de celos, ni un reproche, ni le pesó de haber dado a Segundo el dinero; y al ver al poeta era su alegría tan franca, tan grande, que borraba como por magia todos los sufrimientos y los compensaba con creces!

Ahora existía un motivo más para que ella se desviviese por el poeta. Tampoco él andaba bueno. ¿Qué le dolía? Ignorábalo él mismo. Mal del espíritu, nostalgia, murria, ahogo producido en sus pulmones de soñador por el mezquino ambiente que respiraba... Constante inapetencia, negra melancolía, el estómago fatigado, los nervios como cuerdas de guitarra... Y no era su pasión por Nieves como la de Leocadia, de esas que absorben el ser todo, interesan el corazón, atenacean la carne y subyugan el alma; Nieves solo vivía en su cabeza, en su amor propio, en sus facultades líricas, en sus desvaríos románticos, generadores eternos de la ilusión. Nieves encarnaba en forma visible, gentil y halagüeña, sus ansias de gloria, su ambición artística.

Leocadia sirvió el ponche y el café, y como le temblaba la mano de placer y emoción, dejó caer el líquido hirviente, quemándose un poco: mas no hizo caso de la quemadura y siguió tan solícita, cuidando, como siempre, de que todo estuviese a la perfección. Para hablar con el poeta de algo que le agradase y divirtiese, le preguntó por el tomo de poesías que traía entre manos y debía extender su fama lejos de Vilamorta así que se imprimiese en Orense... Segundo no se mostró entusiasmado con tal perspectiva.

—En Orense, mujer... en Orense... ¿Sabes que he mudado de idea? O lo imprimo en Madrid... o no lo imprimo: poco perderán con eso las musas españolas.

—¿Y por qué no te gusta ya imprimirlo en Orense?

—Verás... Le sobra razón a Roberto Blánquez, que me lo aconseja desde Madrid... Ya sabes que ahora Roberto está allá, empleado... Dice que las obras impresas en provincias no las lee nadie; que él ha visto el desprecio con que se miran allí las que traen pie de imprenta de fuera de la corte... Que además aquí tardan un siglo en imprimir un tomo, y salen plagados de erratas, y con una forma tan fea... En fin, que no gustan... Y para eso...

—Pues a Madrid con el libro; ¿qué importa?

—Chica... Roberto me asusta con los precios de las ediciones... Parece que la broma cuesta un ojo de la cara... No hay editor que compre versos, ni siquiera que vaya a medias con el autor...

No contestó Leocadia, limitándose a sonreír. Tenía la salita aspecto de íntimo bienestar: aunque el invierno había despojado de sus encantos al balcón, poniendo amarillas las albahacas y mustios los claveles, allí dentro el gorgoteo de la cafetera, el vaho alcohólico del ponche, la quietud, el solícito cariño de la maestra, todo parecía templar y suavizar el ambiente. Segundo sentía apoderarse de su cuerpo un sopor grato.

—¿Me das una manta de tu cama? —dijo a la maestra—. Hoy en mi casa no hay medio de descansar, mujer... Yo reposaría un poco aquí en este sofá.

—Tendrás frío.

—Estaré en la gloria. Anda.

Leocadia salió y volvió arrastrando con gran esfuerzo un objeto pesado, enorme: un colchón. Después trajo la manta; luego, fundas. Total, una cama de veras. Para lo que faltaba, las sábanas no más... ¡Bah! También las trajo.

XXIV

No vaciló Leocadia al día siguiente. Sabía ya el camino y fue derecha a casa del abogado. Este la recibió con el entrecejo fruncido. ¿Pensaban que fabricaba moneda? Leocadia ya no tenía bienes que empeñar; los que llevaba valían tan poca cosa... Si se resolvía a hipotecar la casa, él hablaría con su cuñado Clodio que tenía ahorros y ganas de una finca así... Leocadia exhaló un suspiro de pena. Sucedíale lo contrario que a los campesinos: ningún apego a los terrones; ¡pero la casita! ¡Tan limpia, tan mona, tan cómoda, hecha a su gusto!

—Psh... con abonar el importe de la hipoteca... la recobra usted enseguida.

Dicho y hecho. Clodio aflojó la mosca, lisonjeado con la esperanza de adquirir por la mitad de su valor un nido tan cuco, donde acabar su vida solterona. De noche, Leocadia pidió a Segundo que le enseñase el cuaderno de sus poesías y le leyese algunas. Hablábase mucho allí, con reticencias y alusiones trasparentes, de ciertas flores azules, de las voces de un pinar, de un precipicio y de otras varias cosas que bien entendía Leocadia no eran inventadas, sino que tenían su clave en pasados y para ella misteriosos acontecimientos. La maestra adivinó una historia de amor, cuya heroína solo podía ser Nieves Méndez. Pero lo que no podía entender ni explicarse, era cómo estando ya la señora de Comba viuda y libre para premiar el amor de Segundo, no lo hacía inmediatamente... Los versos revelaban profundo desaliento, ardiente delirio amoroso y lían... A arrancarlas pronto. Todo era por bien del chico, por hacerle hombre, para que hoy o mañana...

Celebró Leocadia dos o tres conferencias con Cansín, que tenía en Orense un primo, dueño de un establecimiento de paños; y Cansín, encareciendo mucho su alta influencia y la importancia del favor, dio a la maestra una carta de recomendación eficaz. Fue Leocadia a la capital, vio al patrón, y estipularon las condiciones de la admisión de Minguitos. Le mantendrían, le lavarían la ropa, y le harían algún traje de los retales de paño que quedasen por el almacén... Pagar no le pagarían nada, hasta que supiese bien el oficio, allá a la vuelta de un par de años... ¿Y era muy jorobado?, porque eso le gusta poco a la clientela... ¿Y era honradito? Nunca le había cogido a su madre dinero de los cajones, ¿verdad?

    Leocadia volvió con el alma empapada en acíbar. ¿Cómo se lo decía a Minguitos y a Flores? ¡Sobre todo a Flores! Imposible, imposible: armaría un escándalo que alborotase a la vecindad... Y había prometido llevar a Minguitos sin falta a su puesto el lunes próximo... Ideó una estratagema. Afirmó que estaba en Orense una parienta suya, y que le llevaba el niño para que le conociese: pintó la expedición con risueños colores, a fin de que Minguitos creyese que iba a divertirse... ¿No tenía ganas de ver otra vez a Orense? Pues es un pueblo magnífico: ella le enseñaría las Burgas, la Catedral... El niño, con su horror instintivo a los sitios públicos, al trato con hombres, meneaba tristemente la cabeza; y en cuanto a la vieja criada, como si algo rastrease, estuvo furiosa toda la semana. Cuando llegó el domingo y se metieron madre e hijo en el coche, al subir al estribo, Flores se arrojó al cuello de Minguitos y le dio un abrazo trémulo y senil de abuela chocha, babándole el rostro con el besuqueo de sus arrugados labios... Después se pasó el día sentada en el umbral de la casa, murmurando en alta voz palabras de sorda cólera o de cariñosa lástima, apretándose la frente con ambas manos, en desesperado ademán.

Leocadia, ya en el coche, trató de convencer a su hijo y le describió la buena vida que le esperaba en aquel precioso establecimiento, situado en lo más céntrico de Orense, tan entretenido, donde tendría poco trabajo y la esperanza de ganar, hoy o mañana, algún dinerito suyo... A las primeras palabras, el niño fijó en su madre los ojos atónitos, en los cuales, poco a poco, la inteligencia se abrió paso... Minguitos solía comprender a media palabra. Bajó la cabeza y, arrimándose a su madre, se recostó en su regazo. Como callaba, Leocadia le preguntó:

—¿Qué tienes? ¿Te duele la cabeza?

—No... déjeme dormir así... un poquito... hasta Orense.

Permaneció, en efecto, quieto y callado y, al parecer, dormido, acunado por el traqueteo del coche y el ruido ensordecedor de los cristales. Al llegar a la ciudad, Leocadia le tocó en el hombro:

—Ya estamos...

Saltaron del coche y solo entonces notó Leocadia que tenía el regazo húmedo y que allí donde se había apoyado la frente del niño, resbalaban sobre el merino negro dos o tres irisadas gotas de agua... Pero al verse entre gente desconocida, en el lóbrego almacén, abarrotado de piezas de paño oscuro, la actitud del jorobado dejó de ser resignada: cogiose a su madre con desesperado impulso, exhalando un solo grito, resumen de todas sus quejas y afectos:

—Maaamá... maaamá...

Aquel grito aún lo oía dentro de su corazón Leocadia cuando, de regreso a Vilamorta, vio a Flores que la acechaba en la puerta. Acechar es la palabra exacta, pues Flores se lanzó sobre ella como un perro de presa, como una fiera que reclama y exige su cría. Y lo mismo que el hombre furioso arroja contra su adversario cuanto a mano encuentra, así Flores derramó sobre Leocadia toda clase de denuestos, de bárbaras y de satinadas injurias, gritándole con su voz balbuciente de vejez y odio:

—¡Ladrona, ladrona, infame! ¿Dónde tienes a tu hijo, ladrona? ¡Anda, borracha, mala mujer, anda a beber licores... y tu hijo puede ser que se esté muriendo de hambre! Perdida, loba, falsa, ¿y el chiquillo? ¿Dónde está, ángel de Dios? ¿Dónde lo tienes, bribona, que rabiabas por librarte de él para quedarte con el otro señorito de morondanga? ¡Loba, loba, que aun las lobas quieren a los hijos! ¡Loba, lobona... si tuviese un fusil, tan cierto como estoy aquí que te cazaba con perdigones!

Pálida, con los ojos enrojecidos, Leocadia extendió las manos para tapar la boca a la frenética vieja: pero esta, con sus desdentadas encías, apretó aquellas manos, dejando en ellas la baba de su cólera; y mientras la maestra subía la escalera, la vieja iba detrás, fatídica, murmurando en voz sorda:

—Nunca bien te ha de querer Dios, loba... Dios te castigará y la Virgen Santísima... Anda, anda, regodéate porque hiciste tu voluntad... Maldita seas, maldita seas... maldita, maldita...

La maldición estremeció a Leocadia... La casa, con la ausencia de Minguitos, parecía un cementerio: Flores no había preparado comida, ni encendido luz... Leocadia, sin ánimos para hacerlo, se echó en la cama vestida, y más tarde se desnudó y acostó sin probar bocado.

XXV

¡Con qué interés leía Segundo las cartas de Roberto Blánquez durante aquella temporada en que le daba noticias de su libro! Roberto tenía algunos años más que el Cisne: no tantos que les impidiesen haber sido muy amigotes allá cuando estudiantes; pero suficientes para que Blánquez conociese algo más el mundo y pudiese servir al poeta de guía y mentor. También Blánquez había tenido su época de cisne, rimando versos gallegos; ahora se dedicaba a la prosa de un humilde empleíllo y hacía artículos de carácter administrativo; Madrid le ilustraba; y con la penetración natural e ingénita en quien tiene en sus venas sangre gallega de las rías, iba conociendo la vida práctica... Profesaba a Segundo fanática admiración y cariño verdadero, de esos que se forman en las aulas y duran siempre. Segundo le escribía con absoluta confianza: unas primas de Blánquez eran amigas de la madre de Nieves Méndez, y por tal conducto sabía el poeta algo de su dama. No ignoraba Blánquez los episodios del verano. Y solía dar en los primeros tiempos noticias muy satisfactorias. «Nieves vive retiradísima... Me enteraron mis primas... Apenas sale sino a misa... La niña no está buena... Dicen los médicos que es el desarrollo... La van a llevar a un convento del Sagrado Corazón, para educarla. ¡La madre dicen que está guapa, chico! Parece que quedaron muy bien de intereses... El libro no tardará ya mucho... Ayer escogí el papel para la tirada, y el de los cien ejemplares de lujo en papel de hilo... Los caracteres serán elzevirianos, que es lo más de moda... La portada... ahora se hacen preciosas a seis tintas... ¿Quieres que represente una cosa bonita, algo alegórico?»... Así por este estilo eran las cartas de Roberto, manantial de ensueños, alimento único de la fantasía de Segundo en aquel largo invierno, tétrico y oscuro, en aquel ignorado rincón, en la prosa de su casa, en los recuerdos de su malograda empresa amorosa.

Corría marzo, mes ambiguo, de agua y Sol, en que ya la primavera se anuncia con abundancia de violetas y prímulas, y el frío empieza a disminuir, y por el cielo, de un azul de acuarela, flotan como jirones de lino blancas nubes, cuando Segundo recibió esa cosa inefable, que hace palpitar de júbilo y de ansiedad y de inexplicable temor el corazón del hombre; esa cosa solo comparable, por las sensaciones que produce, al hijo primogénito recién nacido: ¡el primer libro impreso! ¡Parecíale un sueño que estuviese allí el libro, allí, delante de sus ojos, en sus manos, con la cubierta blanca satinada donde el dibujante había entrelazado graciosamente, alrededor de un grupo de pinos, unos cuantos tallos floridos de no me olvides; con su papel color garbanzo, que hacía parecer antigua y rancia la edición, y encabezadas las composiciones con tres misteriosos asteriscos! Al ver allí sus versos, limpios de borrones, nítidos, correctos, con el pensamiento destacado por la enérgica negrura de la tinta sobre la página clara, daban ganas de creer que habían nacido así, tan fáciles y con tan adecuados consonantes y sin enmiendas ni ripios.

A Leocadia la conmovió el libro, más todavía que al autor. Rompió la maestra en copioso llanto de gozo. ¡Era la gloria de su poeta, obra suya en cierto modo! Por dos o tres días anduvo contentísima, olvidando las malas nuevas que le traía Flores de Orense todos los domingos; de Orense, adonde Leocadia no se atrevía a ir por temor a ceder a los ruegos, y ablandarse ante las súplicas del niño, pero donde latían aquellas fibrillas de su corazón que aún destilaban sangre, y que Flores torturaba con el relato de los sufrimientos de Minguitos, cada vez más desmejorado, siempre quejándose de que en el almacén se mofaban de él y le echaban en cara su joroba.

¡Enigmas del corazón humano! Segundo, que desdeñaba el lugar de su nacimiento; que creía y no se equivocaba, que en Vilamorta no existía persona alguna capaz de aquilatar el mérito de una poesía, no pudo, sin embargo, dejar de ir una noche a casa de Saturnino Agonde, y sacando negligentemente del bolsillo el tomo, echarlo sobre el mostrador diciendo con fingida indiferencia:

—¿Qué te parece esta impresión, chico?

Al punto se arrepintió de semejante debilidad, tantas fueron las tonterías y patochadas que el elegante tomo inspiró a la irreverente tertulia. ¡Nunca lo hubiera enseñado! En fin, él se tenía la culpa. ¡Si el público no le trataba mejor que sus conciudadanos!... Nunca es dueño el hombre de prescindir por completo de la atmósfera que respira: siempre ha de interesarle aquel horizonte que ve. Por poca importancia que concediese Segundo al dictamen de los vilamortanos, y aunque ciertamente su aprobación no lograría enorgullecerle, su inepta befa le ulceró y enconó el alma... Retirose a su casa lastimado y dolorido. Pasó una noche febril, de esas noches en que se conciben magnos proyectos y se adoptan resoluciones decisivas.

Las condensaba en su carta a Blánquez... Este no contestó a vuelta de correo: pasaron días y días, y Segundo fue todas las mañanas a la estafeta, recibiendo siempre la misma respuesta lacónica... Por fin le entregaron una carta voluminosa, certificada.

XXVI

Al abrirla cayeron varios números de periódicos, donde señalados con una cruz de tinta estaban los párrafos en que se hablaba del libro recién impreso, del tomo de poesías titulado Cantos nostálgicos, que tal nombre dio en la pila Segundo a sus renglones desiguales.

Venía también una carta de Roberto, de cuatro carillas... Era su contenido tan importante para Segundo, de tal manera había de pesar y ejercer influencia en su porvenir lo que aquellas letras contuviesen, que las dejó a un lado, temeroso, sin saber por qué, de leerlas, queriendo dilatar lo que tanto deseaba... Veía la carta abierta, y le saltaban a los ojos ciertos nombres, ciertas palabras repetidas... Allí se nombraba muchas veces a la viuda de Comba... Para dominar su turbación, puramente nerviosa, recogió los periódicos, y se determinó a leer antes lo que traía la señal de la cruz... Recorrió el vía-crucis, en toda la extensión de la palabra.

El Imparcial daba un estrepitoso bombo al país gallego, y para probar que en él nacen poetas con la misma facilidad que exquisitas pavías y bellísimas flores, citaba, sin nombrarle, al autor de Cantos nostálgicos, lindo tomito acabado de poner a la venta. Y ni una línea más, ni una apreciación crítica, ni un leve indicio de que nadie, en la redacción del popular diario, se hubiese tomado el trabajo de cortar las páginas del tomo. *El Liberal*, mejor informado, aseguraba en tres renglones que los Cantos revelaban en su autor gran facilidad para versificar. *La Época*, en lo más rezagado de su sección de Libros nuevos, alababa la elegancia tipográfica del libro; no aprobaba el sabor romántico del título y la portada; y, de refilón, lamentaba, que la musa del poeta fuese la infecunda nostalgia, habiendo por ahí tantas cosas sanas, alegres y fecundas que cantar. El Día...

¡Ah! Lo que es en El Día le pegaban a Segundo un varapalo en regla; pero no de esos varapalos sañudos, intencionados, enérgicos, en que se toma la vara a dos manos para deslomar a un adversario fuerte y temible, sino un latigazo de desprecio, un capirotazo con la uña, como el que se da a un insecto cuando molesta; una de esas críticas sumarias, que el crítico no se toma el trabajo de fundar y razonar por ser tan evidente lo que dice, que no requiere demostración: una ejecución capital por medio de dos o tres chistes, pero de las que acaban con un autor novel, le hunden, le relegan para siempre a los limbos de la oscuridad... Venía el crítico a decir que hoy, cuando los versos magistrales carecen de lectores, es lástima grande hacer gemir las prensas con rimas de inferior calidad; que hoy, cuando Bécquer pertenece ya al número de los semidioses de la poesía, habiendo ingresado en el panteón de los inmortales, es pecado que se le falte al respeto imitándole torpemente, y estropeando y contrahaciendo sus pensamientos mejores; y por último, que es de sentir que jóvenes muy estimables, dotados quizá de felicísimas disposiciones para el comercio o para las carreras del notariado y farmacia, gasten el dinero de sus papás en ediciones lujosas de versos que nadie comprará ni leerá...

Debajo de tal filípica había escrito de su puño y letra Roberto Blánquez: «No hagas caso de este animal. Lee mi artículo».

Con efecto, en un periódico oscuro y subterráneo, de esos innumerables que ven la luz en Madrid sin que Madrid los vea, Blánquez vertía y desahogaba toda la bilis de su amistad y patriotismo herido, poniéndole al crítico las peras a cuarto, encareciendo el libro de Segundo y declarándolo digna pareja del de Bécquer, solo que un poco más dulce, un poco más soñador y melancólico todavía, a fuer de hijo de un país hermoso cuanto desventurado, un país más bello que Andalucía, que Suiza y que todos los países bellos del orbe: acabando por decir que, si Bécquer hubiese nacido en Galicia sentiría, pensaría y escribiría como El Cisne de Vilamorta.

Segundo cogió el manojo de periódicos y, mirándolo un rato con los ojos fijos y el gesto torvo, hízolo al fin pedazos, primero grandes, luego chicos, luego más chiquitos aún, que lanzó por la ventana y fueron a caer revoloteando, a manera de simbólicas mariposas, o plateados pétalos de la flor de la ilusión, al charco de lodo más inmediato... Segundo sonreía con amargura. Allá va la gloria... pensó. Ahora... creo que ya estoy más sereno... ¡Vamos a leer la carta!...

Lo importante de esta son ciertos trozos... adicionados con los comentarios que no en voz alta, sino mentalmente, hace el lector.

«Estuve, según tu encargo, en casa de la viuda de Comba, a entregarle el ejemplar que me remitiste tan cerradito y tan selladito... —¡Claro! Llevaba dentro una dedicatoria que no me gustaba que viese ella que podías haberla leído tú...— Tiene una casa preciosa, con mucha cortina de seda y flores naturales. —Todo, todo lo suyo es así, delicado y bonito...— Pero tuve que ir dos veces o tres antes de que me recibiese, porque siempre era mala hora... —No recibirá ella a dos por tres al primero que se presente... —Por último, me recibió con un sin fin de etiquetas y cumplidos... Está muy guapa de cerca, aún más que de lejos; y parece mentira, chico, que tenga una niña de doce años: ella representa, lo más, veinticuatro o veinticinco... —¡Qué cosas me cuenta a mí Roberto! —Pues nada, en cuanto le dije que iba de parte tuya... —¡A ver!— se puso... ¿cómo te diré yo?

—¡Ruborizada!—, disgustada y sobresaltadísima, chico; y además, tan seria, que yo me quedé volado y sin saber qué hacer... —¡Infame! ¡Infame! Temía que yo... A ver, concluyamos, concluyamos... —No quiso recibir el libro por más instancias que le dirigí... —¡Pero esto no se concibe! ¡Ah, qué mujer!... —porque asegura que le recordaría mucho este país, y el fallecimiento de su esposo, que Dios haya; y por consiguiente, te ruega que la dispenses... —¡Miserable! —de abrir el paquete... y de leer tus versos... y te da las gracias... —¡Ja, ja, ja! —¡Bravo! ¡Gran actriz!

»Yo, a pesar de todo, como tú me encargabas expresamente que se lo entregase, me propuse no volver a casa con él, y saludándola y tomando el sombrero dejé tu paquetito sobre un mueble; pero al día siguiente por la mañana ya lo tenía en casa, cerrado, lacrado, intacto... —Y yo no la arrojé al Avieiro aquel día en que nuestras bocas... ¡Estúpido de mí! En fin, acabemos...

»Ante esta conducta de la viudita, conjeturo que tú debes haber inventado todo aquello del precipicio y del balcón... me lo contarías para guasearte conmigo... o como eres así, tan loco, soñaste que te sucedió, y confundiste el sueño con la realidad... —Hace bien en mofarse.— De todos modos, chico, si la viuda te interesaba, no pienses más en ella... Sé de fijo, por mis primas, que lo saben con certeza por su padre, que al acabarse el luto se casa con un marqués de Cameros, que tuvo distrito en Lugo... —Sí, sí... comprendido.— La cosa no va de broma: ya le están bordando, según dicen mis primas, sábanas con corona de marquesa...».

La carta fue desgarrada con más lentitud que los periódicos, en trozos más menudos, casi en polvillo de papel... Con los restos hizo Segundo una bolita, y la despidió briosamen-

te para que se hundiese muy adentro en el charco de lodo...
¡Es el amor!... pensó, riéndose a carcajadas.

Comenzó a pasearse por la habitación, primero con cierta monótona regularidad, después con desasosiego y furia. Clara, la hermana mayor, entreabrió la puerta del cuarto.

—Dice la tía Gaspara que vengas.
—¿A qué?
—A comer.

Segundo tomó su sombrero, y se lanzó a la calle, dirigiéndose a las orillas del río, presa del furor que las necesidades diarias de la vida causan a los que sufren algún violento choque moral, un desengaño.

XXVII

¡Qué paseo el suyo por las húmedas y encharcadas márgenes del Avieiro! Iba unas veces de prisa, sin causa alguna que le obligase a acelerar su marcha, y otras, también sin motivo, se paraba, quedándose con los ojos clavados en algún objeto; pero, en realidad, no viéndolo poco ni mucho... Un remordimiento, un pesar roedor, le mordía el corazón cuando recordaba el pasado: así como al naufragar un buque cada náufrago lamenta especialmente la pérdida de un objeto que a todos prefería, así Segundo, del ayer desvanecido ya, solo echaba de menos un instante; un instante que quisiera a toda costa revivir; el del precipicio; el momento en que pudo conseguir digna y gloriosa muerte, arrastrando consigo al abismo la noble carga de sus ilusiones, y el cuerpo de una mujer que solo en aquel minuto inolvidable pudo amarle de veras...

¡Cobarde entonces y cobarde hoy!, pensaba el poeta, llamando en su ayuda desesperadas resoluciones, y no encontrando el valor indispensable para abrazarse de una vez al agua fría y fangosa... ¡Qué horas! Borracho de dolor, se sentó en las piedras, a la orilla del río, mirando con idiota fijeza cómo las gotas de agua de lluvia, al ir cayendo en diagonal del cielo gris, hacían en el río unos círculos que trataban de prolongarse, y no lo conseguían, porque otros infinitos círculos iguales se tropezaban con ellos, y se mezclaban, y se deshacían, y se renovaban incesantemente, y volvían a nacer, y a confundirse, marcando en la sobrehaz del río unos dibujos ondulantes, muy parecidos a esa labor de la plata que llaman guilloché... No notaba siquiera el poeta que aquellas mismas gotas que sobre el Avieiro rebotaban espesas y frecuentes, descargaban también sobre su sombrero y hombros, escurrían a la frente, se introducían por el cuello, se colaban entre la ropa y la carne. Lo observó así que la demasiada frialdad le hizo estremecerse, levantarse y tomar a tardo paso el camino de su casa, donde ya todo el mundo había comido y nadie le ofreció una taza de caldo.

A los dos o tres días se le declaró una fiebrecilla, ligera al pronto, luego más grave. Tropiezo la calificó de gástrica y catarral, la sinceridad obliga a decir que le administró remedios no enteramente desacertados: esto de las fiebres gástricas y catarrales es para los médicos practicones una bendición de Dios, un campo glorioso donde suelen contar por victorias las jornadas; un camino trillado en que no corren riesgo de extraviarse. Por allí no se irá al desconocido polo de la ciencia, pero al menos no se va tampoco a despeñadero alguno...

Salía Tropiezo una noche de visitar a Segundo, e iba muy arrebujado en su bufanda. A la puerta misma del abogado, de entre la sombra que proyectaba el paredón contiguo, se destacó una mujer, en pelo, vestida con una bata vieja. Lo claro de la noche permitió a don Fermín ver sus facciones, y no sin trabajo reconoció a Leocadia, tal estaba la pobre maestra de desfigurada, mudada y envejecida. Se leía en su semblante la más viva ansiedad cuando preguntó al médico:

—¿Y qué tal, don Fermín? ¿Cómo le va a Segundo?

—¡Ah! Buenas noches, Leocadia... Sabe que al pronto no me hacía yo cargo... Bien, mujer, bien; no se apure. Hoy mandé que le diesen ya un pucherito y una sopa... No valió nada la cosa: una mojadura... Pero el rapaz es algo caviloso, y le entró tal tristeza y tal abatimiento, que pensé que nunca iba a volverle el apetito... En este tiempo hay que abrigarse: tenemos un día bueno y luego, cuando menos se piensa, carga el agua y el frío otra vez... ¿Y usted cómo lo pasa?

Me dijeron que tampoco andaba buena... Hay que cuidarse, mujer.

—Yo no tengo duda, don Fermín.

—Pues más vale así... ¿Noticias del rapaz?

—Allá por Orense... el pobre... No se acostumbra.

—Ya se irá acostumbrando. Ya se ve... estaba hecho a los mimos... Vaya, Leocadia, abur. Váyase a su casa, mujer, váyase a su casa.

Don Fermín se alejó, subiéndose la bufanda hasta la nariz. Aquella mujer estaba loca: ¡pues no le había dado poco fuerte el cariño! ¡Y qué deshecha, qué acabada en meses! Las viejas aún se enamoran más que las rapazas. El había estado prudente, muy prudente, en no contarle los planes nuevos de Segundo... ¡Era capaz de allanar la casa si tal supiese! No, silencio, silencio. En boca cerrada no entran moscas. Que lo averiguase por otro lado, por él no. Y con tan sanas ideas y honrados propósitos, Tropiezo llegó a la tertulia de Agonde, y al cabo de un cuarto de hora de sesión desembuchó la nueva. Segundo García se marchaba a América a probar fortuna. Así que sanase del todo, por supuesto... Iría a la Coruña a tomar el vapor.

Fue ocasión propicia para que la tertulia en pleno lamentase una vez más el fallecimiento de don Victoriano Andrés de la Comba, protector y padre de todos los vilamortanos sin colocación, diputado útil y agente infatigable de la comarca... A vivir él, no se iría seguramente un muchacho de tanto mérito, un poeta —aquella noche toda la tertulia convenía en que Segundo tenía mérito y era poeta— a cruzar los procelosos mares en busca de una posición decente... Pero desde que le faltaba don Victoriano, Vilamorta carecía de eco en las regiones del favor y la influencia, pues el señorito de Romero, actual dueño del distrito, pertenecía a la raza de los diputados dóciles que no se imponen al Gobierno, que acuden a votar cuando se les llama, y se tasan a bajo precio, cotizándose apenas al de unos cuantos estanquillos y media docena de credenciales por legislatura... Agonde se desquitó aquella noche, espaciándose por el terreno de su conversación favorita, que era renegar del funesto influjo eufrasiano, culpable de que Vilamorta decayese y su juventud emigrase al Nuevo Mundo... El boticario expuso sus teorías: a él le gustaba que los diputados volviesen por el distrito: ¿de qué servían si no? Para él, el ideal del diputado era aquel famoso hombre político a quien el barbero del pueblo que representaba había pedido un destino, fundándose en que, por culpa del reparto de credenciales entre todas las personas de su posición del pueblo, no le quedaban ya parroquianos que afeitar, y se moría de hambre... En esto intervino el alcalde diciendo que él sabía de buena tinta que el señorito de Romero pensaba interesarse muy de veras por Vilamorta; lo confirmó el dulcero y algunos de los presentes, y promoviose un altercado que demostró de modo irrefragable que a diputado muerto no hay amigos, y que el nuevo representante del país tenía ya en el mismo foco de los antiguos radicales combistas sus paniaguados y devotos.

XXVIII

El Cisne ha dejado su lago natal o mejor dicho, su charca: ha cruzado el Atlántico en alas del vapor. ¿Volverá algún día? ¿Regresará con el rostro amarillento, el hígado estropeado, con algunos miles de duros en letras, guardados en la cartera, a concluir sus días donde los empezó, así como el buque desvencijado por las tempestades viene a recibir la última carena en el astillero en que fue construido? ¿Le sorprenderá a la entrada del continente joven ese temeroso mal antillano, verdugo de los íberos que tratan de emular a Colón conquistando a América, el vómito negro? ¿Se quedará por las zonas tropicales arrastrando coche, unido en matrimonial vínculo con alguna criolla? ¿Llegará a presidir cualquiera de esas repúblicas minúsculas, donde los doctores son generales y los generales doctores? ¿Se curarán sus melancolías al salitroso beso del aura marina, al contacto de tierras vírgenes, al duro acicate de la necesidad que, empujándole a la lucha, le dirá: trabaja?

Acaso algún día narrará la historia las metamorfosis del Cisne, su odisea y sus vicisitudes; solo que es necesario que corran los años, pues aún fue ayer, como si dijéramos, cuando salió de Vilamorta Segundo García, dejando a la maestra de escuela hecha un mar de lágrimas. Y esto de la maestra es el único cabo suelto de la crónica del Cisne que en la actualidad podemos recoger.

Mucho dio que hablar Leocadia en Vilamorta. Estaba enferma, según unos; según otros, arruinada; y según bastantes, no muy cabal de juicio. Viéronla rondar la casa de Segundo varias noches, durante la enfermedad del poeta; se aseguraba que había vendido sus bienes, y que tenía su casita hipoteca da a Clodio Genday; pero lo más extraño de todo, lo que acerbamente se censuraba, era el abandono en que dejaba a su hijo, después de haberlo cuidado y mimado tanto de pequeño, no yendo a verle ni un solo día a Orense, al paso que la vieja Flores iba sin cesar y a cada paso daba peores nuevas del chiquillo: que se consumía, que echaba sangre por la boca, que se moría de tristeza... que no duraría un mes... Leocadia, al oírlo, dejaba caer la barba sobre el pecho, y algunas veces se movían convulsivamente sus hombros, como si sollozase... Por lo demás, solía aparecer tranquila, aunque muy callada, y sin la actividad habitual en ella. Ayudaba a Flores en la cocina, atendía a las niñas de la escuela, barría, todo lo mismo que un autómata, y Flores, que la espiaba cruelmente para tomar nota de sus distracciones, se complacía en gritarle:

—Mujer, has dejado sucio este lado de la sartén... Mujer, no has cosido el roto de la saya... Mujer, ¿en qué piensas? Hoy voy a Orense; tienes tú que cuidar del puchero...

A fines del verano, Clodio pidió los réditos de su empréstito, y Leocadia no pudo pagarlos; por lo cual se le anunció que el acreedor estaba en su derecho al reclamar la finca previos los trámites legales. Fue aquel un golpe terrible para Leocadia.

Acontece a veces que un prisionero, insigne personaje, rey quizá, confinado por reveses de la suerte en estrecha mazmorra, despojado de sus grandezas, privado de cuanto constituía su dicha, pasa años sobrellevando con resignación sus males, aunque abatido, sereno... Y si un día, por un refinamiento de crueldad de los carceleros, se le quita a ese resignado preso un dije, un objeto, una fruslería con la cual llegó a encariñarse... el dolor contenido se desborda y sobrevienen los extremos de la desesperación. Algo parecido le sucedió a Leocadia, cuando supo que era preciso abandonar para siempre aquella casita amada, donde había pasado con Segundo horas únicas en su existencia; aquella casita dirigida por ella, reconstruida con sus ahorros; aquella casita limpia y primorosa ayer, todo su orgullo...

Flores la oyó muchas noches llorar a gritos; pero cuando alguna vez, movida a compasión involuntaria, entró la vieja a preguntarle qué sucedía, o si quería algo, Leocadia tapándose con la ropa solía responderle en voz sorda: —No tengo nada... mujer, déjame dormir... ¡Ni dormir me dejas!

Mostró aquellos días gran versatilidad e hizo mil planes; habló de irse a vivir a Orense, dejando la escuela y poniéndose a coser en casa; habló también de aceptar las proposiciones de Clodio Genday, que habiendo despedido a su criadita moza, no se sabe por qué, ofrecía a Leocadia tomarla de ama de llaves, con lo cual se quedaría en su propio domicilio, eliminando por supuesto a Flores. Todas estas resoluciones duraron breve tiempo, y fueron desechadas para adoptar otras no menos efímeras; y con la serie de proyectos y cambios, el tiempo se apresuraba y Leocadia se hallaría pronto sin asilo.

Un día de feria salió Leocadia a comprar diversas cosas que Flores necesitaba urgentemente: entre otras, un cedazo y una chocolatera nueva, porque la suya estaba ya inservible. El vaivén del gentío, los empujones de los vendedores, la luz clara del Sol otoñal, le mareaban un tanto la cabeza, débil con las vigilias, con el poco comer y el mucho sufrir. Parose delante del puesto en que se vendían los cedazos. Era una especie de cajón de sastre, y allí se feriaban mil baratijas, cachivaches indispensables, como molinillos, sartenes, cazos, jeringas, aparatos de petróleo, y en una esquina, dos mercancías muy solicitadas del público en aquel país, consistentes en unos papelitos color de rosa claro, y blandos como el papel de estraza, y unos polvos blancuzcos, de un blanco sospechoso, parecidos a averiada harina. Leocadia fijó sus ojos en ellos, y al punto la vendedora, creyendo que los deseaba, empezó a ponderarle sus cualidades, explicándole que los retacitos rosa, humedecidos y puestos en un plato, no dejaban mosca que allí no feneciese, y que los polvos blancos eran séneca para matar ratones, dándosela en ciertas bolitas de queso bien preparadas... Como Leocadia le pidiese tanto así de los polvos, preguntándole cuánto costaban, la mujer alardeó de generosa, y cogiendo con una espátula un buen puñado de polvitos se lo entregó envuelto en un papel, por no sé qué friolera de cuartos. Poco, en efecto, valía la droga, común en el país, donde el arsénico, nativo abunda en los espatos calizos que forman una de las vertientes del Avieiro, y el ácido arsenioso, el matarratones, se vende libremente, más que en la botica, en las ferias. La maestra se guardó sus polvos, compró por deferencia media docena de papelitos rosas, y al volver a su casa, entregó puntualmente a Flores los objetos encargados.

Flores notó que después de comer se encerraba Leocadia en su dormitorio, donde la oyó hablar alto, como si rezase. Habituada a sus rarezas no lo extrañó. Terminado el rezo, la maestra salió al balcón, y estuvo un largo rato mirando los tiestos; pasó a la sala y contempló otra buena pieza el sofá, las sillas, la mesita, los lugares que recordaban su historia. Enseguida la vio Flores penetrar en la cocina... La vieja aseguraba después —¿pero en tales casos, quién renuncia a preciarse de zahorí?— que ya le llamó a ella la atención aquel modo de entrar...

—¿Tienes ahí agua fresca?
—Sí, mujer.
—Dame un vasito.

Flores declaraba que al coger el vaso, la mano de la maestra temblaba como si tuviese alferecía; y lo más singular fue que, no llevando el vaso azúcar, Leocadia cogió una cuchara de boj y la metió dentro...

Sin embargo, hasta de allí a una hora u hora y media, no oyó Flores a Leocadia gemir... Se coló en el cuarto y la vio sobre la cama, con un color que ponía miedo; violentas náuseas levantaban su pecho acongojado, y tras de las náuseas y las arcadas y los convulsivos esfuerzos para vomitar, un frío sudor inundaba la frente de la enferma y se quedaba sin movimiento ni voz... Flores, espantada, salió corriendo en busca de don Fermín. Que se apurase, que esto no era de broma... Cuando vino don Fermín todo sofocado y preguntó:

—¿Pero vamos a ver, Leocadia, qué es esto? ¿Qué tiene, mujer?, ¿qué tiene?

Ella, entreabriendo sus dilatados ojos, murmuró:

—Nada, don Fermín... Nada.

A la cabecera de la cama estaba el vaso, sin agua ya, pero con una capa de polvos blancos adheridos al fondo y raspados a trechos por la cucharilla, pues el agua no había podido disolverlos y la maestra no quería dejarlos allí...

Conviene que también en esta ocasión declaremos que el insigne Tropiezo no dio ninguno en el expedito camino del tratamiento de tan sencillo caso. Ya había reñido Tropiezo algunas batallas más con aquella vulgar sustancia tóxica, y conocía sus mañas: acudió sin vacilar a los enérgicos vomitivos, al emético, al aceite... Solo que el veneno, más listo que él, había pasado ya a la circulación, y corría por las venas de la maestra, helándolas... Cuando las náuseas y los vómitos cesaron, sobre la mortal palidez de Leocadia asomaron unas manchillas rojas, una erupción semejante a la escarlatina...

Duró este síntoma hasta que vino la muerte a desatar aquel triste espíritu y emanciparlo de sus padecimientos, que fue al amanecer.

Poco antes de expirar, en un momento de calma, Leocadia hizo una señal a Flores, y le dijo al oído:

—Dame palabra... que no lo sabrá el chiquillo, ¿eh?... ¡Por el alma de tu madre no le digas... no le digas el modo de mi muerte!

Pocos días después, defendíase Tropiezo en la tertulia de Agonde, en la cual, por gusto de hacerle rabiar, le achacaban la desgracia de la maestra.

—Una, que me llamaron tarde, muy tarde, cuando ya la mujer estaba casi en la agonía... Otra, señores, que se tomó una cantidad de arsénico, que ni era tanta que la pudiese arrojar, ni tan poca que le produjese un coliquito y quedase despachada... Si tomase más, era más fácil gobernarlo, señores. En lo que no estuve muy acertado fue en no llamar antes al cura... Lo hice con buena intención, por no asustarla, y por si la íbamos sacando adelante... Cuando le pusieron la extrema, ya no daba a pie ni a pierna...

—¡De modo, murmuró malignamente Agonde, que con usted, o el cuerpo o el alma no se libran de un tropiezo!

Celebró la tertulia el dicho, y hubo chanzas fúnebres y frases compasivas. Clodio Genday, el acreedor de la difunta, se agitaba en el asiento. ¡Qué conversación más tonta! ¡Hablar de cosas alegres, canario!

Se habló, en efecto, de cosas alegres y satisfactorias: el señorito de Romero había ofrecido poner en Vilamorta estación telegráfica; y también se decía mucho en los papeles que la importancia vitícola del Borde reclamaba un ramal de ferrocarril, y pronto vendrían los ingenieros a estudiarlo.

La Coruña, septiembre de 1884

Libros a la carta

A la carta es un servicio especializado para
empresas,
librerías,
bibliotecas,
editoriales
y centros de enseñanza;
y permite confeccionar libros que, por su formato y concepción, sirven a los propósitos más específicos de estas instituciones.

Las empresas nos encargan ediciones personalizadas para marketing editorial o para regalos institucionales. Y los interesados solicitan, a título personal, ediciones antiguas, o no disponibles en el mercado; y las acompañan con notas y comentarios críticos.

Las ediciones tienen como apoyo un libro de estilo con todo tipo de referencias sobre los criterios de tratamiento tipográfico aplicados a nuestros libros que puede ser consultado en Linkgua-ediciones.com.

Linkgua edita por encargo diferentes versiones de una misma obra con distintos tratamientos ortotipográficos (actualizaciones de carácter divulgativo de un clásico, o versiones estrictamente fieles a la edición original de referencia).

Este servicio de ediciones a la carta le permitirá, si usted se dedica a la enseñanza, tener una forma de hacer pública su interpretación de un texto y, sobre una versión digitalizada «base», usted podrá introducir interpretaciones del texto fuente. Es un tópico que los profesores denuncien en clase los desmanes de una edición, o vayan comentando errores de interpretación de un texto y esta es una solución útil a esa necesidad del mundo académico.

Asimismo publicamos de manera sistemática, en un mismo catálogo, tesis doctorales y actas de congresos académicos, que son distribuidas a través de nuestra Web.

El servicio de «Libros a la carta» funciona de dos formas.

1. Tenemos un fondo de libros digitalizados que usted puede personalizar en tiradas de al menos cinco ejemplares. Estas personalizaciones pueden ser de todo tipo: añadir notas de clase para uso de un grupo de estudiantes, introducir logos corporativos para uso con fines de marketing empresarial, etc. etc.

2. Buscamos libros descatalogados de otras editoriales y los reeditamos en tiradas cortas a petición de un cliente.

www.ingramcontent.com/pod-product-compliance
Lightning Source LLC
Chambersburg PA
CBHW020236170426
43202CB00008B/107